**Lesehefte
Politik – Gesellschaft –
Wirtschaft
für die Sekundarstufe I**

Herausgegeben von Jürgen Feick und Herbert Uhl

Matthias von Hellfeld
Charlotte Hospelt

Jugend in der Bundesrepublik Deutschland
Lehrerbegleitheft

 Ernst Klett Verlag

1. Zur Bedeutung des Themas

Betrachtet man die Darstellungen – wissenschaftlicher und nicht wissenschaftlicher Art – zum Thema „Jugend" aus verschiedenen Zeiten, so findet man, trotz diverser zeitspezifischer Unterschiede, stets ein grundlegendes Thema: das Generationsproblem.

Immer wieder machten sich Vertreter der älteren Generation Gedanken, warum es wohl mit den jungen Menschen oft so schwierig ist, warum sie ohne Respekt ständig gegen die gesellschaftlich anerkannten und geltenden Normen und Werte anzugehen scheinen. „Die Anlässe sind beliebig, die Melodie wechselt, doch das Thema kehrt immer wieder: Mal ist die Jugend, wie sie sich kleidet oder gibt, zu nachlässig, mal zu sehr an modischem Äußeren interessiert, mal protestiert sie zu viel, mal ist sie zu angepaßt. Wie immer sie sich auch verhält, sie fällt aus dem Rahmen dessen, wie die Erwachsenenwelt sich die Jugend wünscht – und sie steht im Mittelpunkt erhöhter Aufmerksamkeit." („Immer diese Jugend!" hg. vom Dt. Jugendinstitut, München 1985, S. 7).

Stellt man sich einmal die Frage, wer denn zur Gruppe der Jugendlichen gehört, so zeigt sich, daß keine eindeutige Definition der „Jugendzeit" bereitsteht. Bei der Betrachtung der historischen Entwicklung des Jugendbegriffs wird deutlich, daß es d i e Jugend als eine eigene Gruppe innerhalb der Gesellschaft erst seit dem Ende des letzten Jahrhunderts gibt. Seither gilt die Jugendzeit als eine wichtige Phase zwischen Kindheit und Erwachsensein. Doch offen ist, wann die Kindheit aufhört und ab wann der Mensch zur Gruppe der Erwachsenen gehört. Wird der Erwachsenensta-

tus erreicht mit der (juristischen) Volljährigkeit oder erst mit dem Eintritt ins Berufsleben?
Problematisch wird die Beantwortung dieser Frage, wenn folgende Fakten mit in die Überlegungen einbezogen werden:
– Heutzutage befinden sich viele Jugendliche länger in der Ausbildung. Die Schulzeit wurde verlängert; gegenüber früher acht Pflichtschuljahren müssen Schüler heute mindestens neun bzw. zehn Jahre die Schule besuchen. Hinzu kommt, daß wesentlich mehr Jugendliche weiterführende Schulen besuchen und anschließend studieren;
– durch die hohe Jugendarbeitslosigkeit und den Mangel an Ausbildungsplätzen kann sich der Eintritt ins Berufsleben erheblich verzögern. Längst nicht alle Jugendlichen finden nach Schulabschluß sofort einen Arbeitsplatz. Oft müssen sie warten, bis sie entweder eine Ausbildungs- oder eine Arbeitsstelle finden. Schlimmstenfalls bleiben sie für längere Zeit arbeitslos und damit finanziell abhängig. Je länger die Arbeitslosigkeit anhält, desto schwieriger wird es für die Betroffenen, eine Stelle zu finden. Ein Teufelskreis;
– versteht man die Gründung einer eigenen Familie als Übergang zum Erwachsenenstatus, so bedeutet eine veränderte Einstellung zu Ehe und Familie auch eine Verlängerung der Jugendphase. Gerade in den letzten zehn bis zwanzig Jahren haben sich die Vorstellungen der Lebensplanung bei Jugendlichen stark verändert. Erfolg im Beruf und guter Verdienst, d. h. finanzielle Sicherheit einerseits, aber auch Verwirklichung persönlicher, oft ideeller Ziele andererseits sowie eine gewisse Unabhängigkeit lassen die Gründung einer Familie als Ziel zweitrangig werden.

Entscheidend für den Beginn und das Ende der Jugendzeit als eigenständiger Lebensabschnitt sind demnach verschiedene Faktoren, abhängig von Alter, Ausbildungsdauer, Berufseintritt, Gründung einer eigenen Familie und nicht zuletzt die finanzielle Unabhängigkeit.

Von besonderem Interesse beim Thema „Jugend" sind des weiteren *Charakteristika jugendlichen Verhaltens.*

Diese müssen sowohl mit den Einstellungen und Werten der Jugendlichen selbst, aber auch mit denen der Erwachsenengeneration im Zusammenhang gesehen werden. Dabei spiegeln allerdings besonders medienwirksame Verhaltensweisen bestimmter jugendlicher Subkulturen nicht schon zwangsläufig die Einstellungen und Werte der Jugend insgesamt wider. „Punks" und „Popper", „Hausbesetzer", „Aussteiger" und wie sie alle genannt werden, sind Minderheiten, die einer großen „schweigenden" Mehrheit von Jugendlichen gegenüberstehen, die nicht durch auffälliges Verhalten in die Schlagzeilen gerät. Dennoch ist im allgemeinen zu sagen, daß Jugendliche gerne an Althergebrachtem rütteln und für Neues, d. h. für Erneuerungen von Normen, Werten und Verhaltensmustern offen sind. Genau hier liegt das Problem, das meistens zu Konflikten mit den Erwachsenen führt.

„Hinter Besorgnis und ärgerlichem Klagen mag Neid stecken auf die scheinbare oder auch tatsächliche jugendliche Unbelastetheit und Unbekümmertheit. Das Motiv mag aber auch der Wunsch nach gesellschaftlicher Kontinuität sein und die Angst, daß die nachwachsende Generation die geltenden Werte nicht mehr hochhalte und die gesellschaftliche Zukunft gefährden könne, da es doch ohnehin – technologisch beispielsweise – so viele beunruhigende Neuerungen gibt. Manche dieser Besorgnisse mögen psychologisch verständlich, ethisch verankert oder im Hinblick auf das zugrundeliegende Interesse nicht ganz ohne angebbare Rationalität sein. Für die jeweils etikettierte Jugend selbst sind der erhobene Zeigefinger oder die sorgenvoll gefurchte Stirn – egal, ob sie Eltern, Lehrern, Meistern, Politikern oder Journalisten gehören – vermutlich lästig, allemal aber verwirrend und wenig hilfreich."
(„Immer diese Jugend!", a.a.O., S. 7).

2. Fragestellungen zum Thema

Die Aufgabe der Gesellschaft – bzw. der älteren Generation – gegenüber der Jugendgeneration ist es, Werte zu vermitteln, d. h. die Erwachsenen sind die Vorbilder für Jugendliche, sie geben Orientierungshilfen. Der junge Mensch setzt sich mit der Umgebung, in der er lebt, auseinander und paßt sich dabei an die gegebenen Normen und Werte mehr oder weniger an.

Andererseits wurde gerade in den letzten 20 Jahren oft die Innovationsfunktion der Jugend in der Bundesrepublik deutlich. Beginnend mit extrem anderen Wertvorstellungen, die bis zur Gründung einer neuen politischen Partei, den „Grünen", führte, hat die Jugend die Welt, in der sie lebt, zu verändern versucht. Aber ist das nicht eine Aufgabe der Jugend, die zwar einerseits die Kultur und Tradition der Elterngeneration fortführen und weiterleben soll, aber auch für Wandel, d. h. für Neuerungen und für Fortentwicklungen sorgen muß, damit keine Stagnation eintritt?

An dieser Stelle fragt man sich, wie groß eigentlich der gesellschaftspolitische Einfluß ist, den die Jugend wirklich hat. Haben Jugendliche auf die Entwicklung der Gesellschaft eingewirkt, bzw. in welcher Weise konnten oder können Jugendliche durch konkrete Verhaltensweisen, durch aktives gesellschaftspolitisches Handeln ein verändertes Problembewußtsein schaffen? Einige heute selbstverständlich gewordene Werte in unserer Gesellschaft wären wahrscheinlich ohne den hartnäckigen Einsatz der Jugend für ihre Ideale kaum denkbar.

Dabei wurden in den letzten Jahren die Meinungsverschiedenheiten zwischen jung und alt zu einzelnen gesellschaftlichen Problemen besonders offenkundig. Die Erwachsenengeneration beklagte immer wieder den mangelnden Willen der Jugendlichen zur „Leistungsgesellschaft" und die Ablehnung vieler, den Älteren wichtigen Wertvorstellungen. Die Jugendlichen hingegen klagten an, die zwischenmenschlichen Beziehungen seien auf einen Nullpunkt herabgesunken; die Gesellschaft – und damit meinten sie die Erwachsenen, insbesondere Politiker und gesellschaftliche Funktionsträger – sei nur noch auf Gewinn und Profit aus und lasse Menschlichkeit vermissen. Die Folge: aktiver und passiver Protest bei vielen jüngeren Menschen. Anlässe zum Protest gibt es genug. Jugendliche wehren sich und gehen mit vielen Bürgern gemeinsam auf die Straße, um zu demonstrieren gegen Häuserspekulationen, gegen den Bau von Atomkraftwerken, gegen den Bau einer Startbahn, gegen Mißstände in der dritten Welt usw. Kurz: Es gibt nun Ziele, die – für eine bessere Lebensqualität – in den Vordergrund rücken.

Häufiger Austragungsort von Streitigkeiten, Meinungsverschiedenheiten und Unverständnis ist die Familie. Hier treffen die gegenteiligen Meinungen und Verhaltensweisen meist besonders hart aufeinander. Gegenstand von Streitigkeiten ist dabei nicht selten das Thema Schule und schulische Leistung. Für viele Jugendliche ist gerade die Schule die Institution, in der sich die Wertvorstellungen der Leistungsgesellschaft besonders artikulieren. Die Anforderungen, die sowohl von den Eltern als auch von der Schule an die jungen Menschen gestellt werden, definieren Jugendliche oft als Leistungsdruck. Dieser Leistungsdruck, d. h. die hohen Anforderungen an die junge Generation, soll eine leistungsfähige Gesellschaft erzeugen. Doch was nutzt es, fragen viele Jugendliche, wenn man sich abmüht und hinterher doch keinen Ausbildungsplatz bekommt? Das Problem der Jugendarbeitslosigkeit wirft deshalb die Frage auf: Wenn es stimmt, daß nur die besten eine Chance haben (sollen), dann bedeutet dies, daß jeder sehen muß, der Beste zu sein. Zurück zur Ellenbogengesellschaft? Früher mußten Kinder zu Niedrigstlöhnen arbeiten, um den Lebensunterhalt der Familie mit zu sichern. Heute wird die Ausbildung in der Schule immer länger, und damit erfolgt der Eintritt ins Berufsleben immer später. Der Mangel an Ausbildungsplätzen verlängert diese Phase noch durch lange Wartezeiten. Die Jugendlichen treten immer später ins Berufsleben ein und werden so auch immer später finanziell unabhängig vom Elternhaus.

3. Lernziele

Aus den oben genannten Fragestellungen lassen sich u. a. folgende Lernziele ableiten:
- Bedeutend ist zunächst, daß man sich bewußt macht, daß die Veränderungen des gesellschaftlichen Lebens für Jugendliche nicht nur Nach-, sondern auch Vorteile hat.
- Hierzu sollte erkannt werden, daß es gerade heute Möglichkeiten gibt, aktiv eigene Vorstellungen und Ziele persönlicher, gesellschaftlicher und politischer Art zu artikulieren und auch zu verwirklichen.
- Über diese Möglichkeiten sollte kritisch reflektiert und eigene Handlungsalternativen und Vorstellungen diskutiert werden.
- Die Problematik des passiven Protestes („Aussteiger", „Verweigerungshaltungen", „Drogenkonsum") sollte bewußt gemacht werden, um diejenigen Gefahren zu erkennen, die durch diese Art von „Protest" für Jugendliche entstehen können.
- Bei der Beschäftigung mit den hier aufgezeigten Fragestellungen und Problembereichen spielen ganz persönliche Wertvorstellungen eine wichtige Rolle. Begriffe wie „Werte", „Tradition", „Einstellungen" kommen hier ins Spiel (vgl. Kap. 2). Durch deren Diskussion wird eine Basis geschaffen für die Wahrnehmung und das Verständnis weiterer Problembereiche.

4. Didaktische Begründung

Die Jugend ist heute eine bedeutende Gruppe innerhalb der Gesellschaft, die mit ihren Problemen und der Problematisierung wichtiger Fragen in nahezu allen Lebensbereichen auf sich aufmerksam gemacht hat.
Folgende Schwerpunkte sind in diesem Zusammenhang zu nennen:
(1) Die Jugend in der Entwicklung zu einer eigenen Gruppe in der Gesellschaft (Kap. 1).
(2) Jugend und Gesellschaft (Kap. 2): Das Verhältnis der jungen Generation zur älteren Generation und die Funktionen, die beiden Gruppen in der Gesellschaft zukommen.
(3) Jugendliche Verhaltensweisen und Vorstellungen in verschiedenen Lebensbereichen (Kap. 3).
(4) Jugendliche in Familie und Schule (Kap. 4): Die Anforderungen an Jugendliche von seiten der Familie und der Schule und wie diese Anforderungen empfunden werden.
(5) Die Bedeutung der Jugend in der Gesellschaft – gestern und heute (Kap. 5): Der Jugend kamen in der Vergangenheit z.T. bedeutende, aber nicht unproblematische Aufgaben zu; das Problem heute: Jugendarbeitslosigkeit.

5. Planungsvorschläge für den Unterricht (12 Std.)

Unterrichtsreihe 1 (12 Stunden)

Thematische Leitfrage	didaktische Hinweise	Stundenzahl
1. Jugend – die Zeit zwischen Kindheit und Erwachsensein.		
– Wie und wann hat sich die Jugend zur eigenen Gruppe innerhalb der Gesellschaft entwickelt?	Kap. 1.2 Kap. 1.3	
– Was sind heute die Charakteristika der Jugendzeit als eigenständiger Lebensabschnitt?	Kap. 1.1	1
2. Jugend in der Gesellschaft		
– Wie sind die Vorstellungen der Jugend zur Leistungsgesellschaft, zur Zukunft, zur Politik und den politischen Parteien, zur Technologie und zum persönlichen Lebensstil?	Kap. 2.1 Kap. 2.1.1 Kap. 2.2.1	2
– Warum haben sich die Vorstellungen von Jugendlichen zu bestimmten Fragen verändert?	Kap. 2.1.2 In diesem Unterrichtsabschnitt können Schüler eigene Erfahrungen und Vorstellungen einbringen.	1
– Welches sind die Einstellungen von Erwachsenen zur jungen Generation?	Kap. 2.2.2 Unterrichtsgespräch mit Alten	1
3. Wie wollen Jugendliche heute leben?		
– Was sind jugendliche Subkulturen, und was ist für sie charakteristisch?	Kap. 3.1	
– Welche Arten von Jugendprotest gibt es, und warum gibt es ihn?	Kap. 3.2 Kap. 3.2.1 Kap. 3.2.2	2
– Welche Vorstellungen haben Jugendliche über das politische System der Bundesrepublik und die Arbeit der politischen Parteien?	Kap. 3.3	
– Wie wollen Jugendliche politische Ziele verwirklichen?	Kap. 3.4	1

Thematische Leitfrage	didaktische Hinweise	Stundenzahl
4. Jugendliche in Familie und Schule		
– Welches sind die Konfliktpunkte zwischen Eltern und Kindern?	Kap. 4.1	
– Warum empfinden Jugendliche die Anforderungen, die durch Eltern und Schule an sie gestellt werden, als Leistungsdruck?	Kap. 4.2	2
5. Was bedeutet Jugend für die Gesellschaft?		
– Welche Aufgaben hatte die Jugend früher, und welche Probleme ergaben sich für sie?	Kap. 5.1 Kap. 5.2	1
– Welche Probleme haben Jugendliche heute?	Kap. 5.3	
– Was tun Jugendliche heute selbst, und was tun andere, um diese Probleme zu lösen?	Kap. 5.4	$\frac{1}{12}$

Unterrichtsreihe 2 (6–8 Stunden)

Thematische Leitfrage	didaktische Hinweise	Stundenzahl
1. Jugend in der Gesellschaft		
– Vorstellungen von Leistungsgesellschaft, Zukunft und persönlichem Lebensstil.	Kap. 2	2
2. Wie wollen Jugendliche heute leben?		
– Jugendprotest: Arten und Möglichkeiten der Verwirklichung von Zielen.	Kap. 3	2
3. Familie und Schule	Kap. 4	1–2
4. Was bedeutet Jugend für die Gesellschaft?		
– Probleme früher, Probleme heute.	Kap. 4	$\frac{1-2}{6-8}$

6. Auswahlbibliographie

Literatur

K. Allerbeck, W. Hoag, Jugend ohne Zukunft? München 1985.
W. Behr, Jugendkrise und Jugendprotest, Stuttgart 1982.
Deutsches Jugendinstitut (Hrsg.), Immer diese Jugend, München 1985.
M. von Hellfeld, A. Klönne, Die betrogene Generation, Köln 1985.
M. von Hellfeld, (Hrsg.), Im Schatten der Krise, Köln 1986.
Jugendwerk der Deutschen Shell (Hrsg.), Generationen im Vergleich, 5 Bde., Opladen 1985.
F. J. Krafeld, Geschichte der Jugendarbeit, Weinheim 1984.
C. Richter, Die überflüssige Generation, Königstein 1979.
Sozialwissenschaftliche Informationen 13 (1984), H. 3: Themenheft „Jugend und Politik", Seelze 1984.

M. Wissmann, R. Hauck (Hrsg.), Jugendprotest im demokratischen Staat, Stuttgart 1983.

Filme

„Liebe, Geld und Tod – Fragen an Punks und Polizisten" – Dokumentarfilm 1982. Farbe, 45 min. 42 8328 (VHS)
„Randale und Liebe" – Dokumentarfilm 1981. Farbe, 75 min. 40 8229 (U-matic), 42 8229 (VHS)
„Drogen – Benno P.: Abhängig" – Dokumentarfilm 1979/80. sw, 19 min. 40 8159 (U-matic), 42 8159 (VHS)
„Drogen – Stefan S.: Unabhängig" – Dokumentarfilm 1979/80. sw, 19 min. 40 8160 (U-matic), 42 8160 (VHS)
„Schade, daß Beton nicht brennt" – Dokumentarfilm 1981. Farbe, 81 min. 42 8321 (VHS)

7. Kontaktadressen

Bundeszentrale für politische Bildung
Berliner Freiheit 7
5300 Bonn 1

Deutsches Jugendinstitut
Saarstraße 7
8000 München 40

Internationales Dokumentations- und Studienzentrum für Jugendkonflikte
Postfach
5600 Wuppertal 1

ISBN 3-12-053311-4

1. Auflage   1 5 4 3 2 1 | 1991 90 89 88 87

Alle Drucke dieser Auflage können im Unterricht nebeneinander benutzt werden, sie sind untereinander unverändert. Die letzte Zahl bezeichnet das Jahr dieses Druckes.
© Ernst Klett Verlage GmbH u. Co. KG, Stuttgart 1987. Alle Rechte vorbehalten.
Druck: Herzogsche Druckerei, Stuttgart. Printed in Germany.

Inhalt

1. **Jugend – die Zeit zwischen Kindheit und Erwachsensein** . 2
1.1 Jugend – sich anpassen oder eigene Wege gehen? 3
1.2 Solidarität gegen Ausbeutung:
Die proletarische Jugendbewegung 6
1.3 Aus grauer Städte Mauern:
Die bürgerliche Jugendbewegung 7

2. **Jugend in der Gesellschaft** 10
2.1 Wie sehen Jugendliche ihr Leben und die Gesellschaft? ... 10
2.1.1 Einstellungen und Werte 11
2.1.2 Veränderte Welt – veränderte Werte? 19
2.2 Wie sieht die Gesellschaft „ihre Jugend"? 22
2.2.1 Weniger Tradition und mehr Makrobiotik? 22
2.2.2 Vorstellung und Wirklichkeit:
Einstellungen über die junge Generation 25

3. **Wie wollen Jugendliche heute leben?** 27
3.1 Jugendliche Subkulturen 28
3.2 Jugendprotest: warum und wie? 33
3.2.1 Der Protest der Minderheit – nur die Spitze des Eisbergs? .. 34
3.2.2 Passiver Protest durch Drogenkonsum? 35
3.3 Jugend und Politik: Vorstellungen über das politische
System der Bundesrepublik Deutschland 38
3.4 Politische Ziele verwirklichen 42

4. **Familie und Schule – nur Leistungsdruck und Unverständnis?** 46
4.1 Jugendliche in ihrer Familie 46
4.2 Die Schule – nichts als Leistungsdruck? 48

5. **Was bedeutet die Jugend für die Gesellschaft?** 50
5.1 Kanonenfutter – vollkommen sinnlos 50
5.2 Kinder- und Jugendarbeit 55
5.3 Problem heute: Jugendarbeitslosigkeit 57
5.4 Gegenmaßnahmen 63

1. Jugend – die Zeit zwischen Kindheit und Erwachsensein

Man redet so ganz selbstverständlich von „der Jugend" oder „den Jugendlichen", aber versteht auch jeder dasselbe darunter? Wann beginnt denn die Jugendzeit und wann endet sie? Bei dieser Frage kann man ganz unterschiedlicher Auffassung sein: Beispielsweise könnte die Jugendzeit mit der Geburt beginnen oder mit dem Schulanfang oder auch mit der Geschlechtsreife. Dieser Lebensabschnitt könnte zu Ende sein mit dem Tag der Volljährigkeit oder mit dem der Eheschließung, mit der Beendigung der Ausbildung oder auch mit dem Eintritt ins Berufsleben.

Bis etwa zur Mitte des vergangenen Jahrhunderts galt die Jugend im allgemeinen überhaupt nicht als ein besonderer Lebensabschnitt. Vielfach wurden junge Menschen als „kleine Erwachsene" oder die Jugendzeit insgesamt als eine höchst lästige und vor allem unnütze Phase betrachtet.

In Deutschland begann sich diese Einstellung seit der Mitte des letzten Jahrhunderts, vor allem seit der Revolution von 1848, zu verändern. Die Studenten, die diese Revolution ganz maßgeblich mitbestimmten, setzten sich vehement für die Selbständigkeit der Jugend als einer eigenen Gruppe in der Gesellschaft ein. Zuerst verwirklicht wurde dieses Ziel in den Burschenschaften an den Universitäten. In ihnen schlossen sich Studenten zusammen, um gemeinsame Ziele zu vertreten: vor allem einen einheitlichen und demokratischen deutschen Staat und Grundrechte für alle, z. B. die Meinungs- und Pressefreiheit.

„Die Jugend, bisher nur ein Anhängsel der alten Generation, aus dem öffentlichen Leben ausgeschaltet, angewiesen auf eine passive [untätige] Rolle des Lernens, auf eine spielerisch-nichtige Geselligkeit, beginnt sich auf sich selber zu besinnen. Sie versucht sich selber ihr Leben zu gestalten,
5 unabhängig von den trägen Gewohnheiten der Alten und von den Geboten einer häßlichen Konvention [eines Brauches]. Sie strebt nach einer Lebensführung, die jugendlichem Wesen entspricht, die es ihr aber zugleich ermöglicht, sich selbst und ihr Tun ernst zu nehmen und sich als einen besonderen Faktor [eine Kraft] in die allgemeine Kulturarbeit einzu-
10 gliedern ..."

R. König (Hrsg.), Handbuch der empirischen Sozialforschung, Bd. 6: Jugend, bearb. von L. Rosenmayr, Stuttgart 1976, S. 20.

1.1 Jugend – sich anpassen oder eigene Wege gehen?

Heute ist die Jugendzeit als ein eigenständiger Lebensabschnitt anerkannt; die Jugend ist in das gesellschaftliche Leben unseres Landes eingebunden. So gibt es spezielle Musik-, Theater-, Sport- und Tanzveranstaltungen für Jugendliche. Es haben sich eine eigene Literatur und besondere Musik für Jugendliche entwickelt und grundsätzlich stimmt jeder der Aussage zu, die Jugendzeit sei für das weitere Leben ganz besonders wichtig.

Um verstehen zu können, warum es dennoch manchmal Probleme gibt zwischen Jugendlichen und Erwachsenen, ist es wichtig zu wissen, daß junge Menschen immer von der Gesellschaft und den Menschen lernen, mit denen sie zusammenleben. Sie schauen sich Verhaltensweisen und Einstellungen von den Erwachsenen ab und übernehmen sie. Junge Menschen jeden Alters suchen Vorbilder, denen sie nacheifern können.

Der Charakter eines Menschen, seine Eigenheiten und Überzeugungen, die er ganz persönlich für richtig und gut erachtet, bilden sich durch die Auseinandersetzung des jungen Menschen mit seiner Umgebung. Dabei paßt sich der junge Mensch an Regeln und Normen der Gesellschaft, in der er lebt, an. Ohne diese Anpassung könnte er gar nicht überleben. Andere Menschen würden nämlich den Kontakt mit ihm meiden, wenn er ständig die „Spielregeln" mißachten würde.

Auf der anderen Seite ist jeder bestrebt, in seinem Leben seine eigenen Vorstellungen zu verwirklichen, „sein eigenes Leben" zu leben. Sich einerseits an die übernommenen Regeln anpassen zu müssen und andererseits diese Regeln nach eigenen Vorstellungen ändern zu wollen – erklären sich damit vielleicht die Probleme, die Jugendliche allgemein und die „Aussteiger" im besonderen mit der Gesellschaft haben und umgekehrt die Gesellschaft mit ihnen? Und wer sagt und entscheidet eigentlich, wann jemand ein „Aussteiger" ist?

Im Lebenslauf der meisten Menschen spielt die Familie eine besondere Rolle; hier treffen Gewohnheiten und Lebenserfahrungen der älteren Generation mit den Lebenszielen und -vorstellungen der jüngeren zusammen. Im günstigsten Fall gestatten die Eltern ihren Kindern genügend Freiraum. Sie bieten ihnen Hilfe und Anregungen, die sie brauchen, um ihre eigenen Wertvorstellungen zu finden. In diesen Familien können die jungen Leute auf diese Weise ihren eigenen Lebensstil ausprobieren, ihren eigenen Weg ins Erwachsenenalter finden. Manchmal werden Kinder aber auch als Abbilder der Eltern gesehen. Bei ihnen kann es später zu Schwierigkeiten kommen, wenn sie ihre eigene Identität, also das charakteristische ihrer eigenen Person, finden müssen.

Niemand ist jedoch im Laufe seines Lebens endgültig „fertig", jeder von uns entwickelt sich, verändert sich, weil er Erfahrungen mit sich selber, mit den anderen und mit seiner Umwelt macht: Er spricht mit anderen über seine Einstellungen, erfährt Kritik, Zustimmung oder Ermutigung und lernt überdies auch die Einstellungen und Erfahrungen seiner Mitmenschen kennen. So hat er die Möglichkeit, selber Erfahrungen zu machen, seine eigenen Standpunkte zu überdenken, zu verändern, zu verwerfen oder auch zu bestätigen. Das kann jeder von uns nachvollziehen: Manches von dem, was wir früher noch richtig fanden, sehen wir heute ganz anders – viel kritischer, vielleicht lehnen wir es sogar ab.

Vor hundert Jahren: Familien in Armut
Blicken wir einmal hundertfünfzig Jahre zurück, also etwa in die Zeit um die Mitte des letzten Jahrhunderts. Damals war die soziale Situation vieler Familien, in denen die jungen Menschen aufwuchsen, häufig katastrophal und mit heute gar nicht zu vergleichen. Viele Menschen mußten in engen, verschmutzten Räumen leben, oft fehlte eine Küche – von Badezimmern und Toiletten ganz zu schweigen. Das Elend vor allem der ärmeren Schichten der Bevölkerung war groß, nicht nur Väter und Mütter mußten arbeiten, auch die etwas älteren Kinder. Es gibt viele Bilder und Berichte aus jener Zeit, die zeigen, daß z. B. zehnjährige Kinder im Bergbau „unter Tage" körperlich schwere Arbeit verrichten mußten, damit die Familie genügend zum Überleben hatte. Das Leben der Jungen war von dieser Umgebung geprägt.

Von der Wohnung der elfköpfigen Familie eines armen Flickschusters in Berlin gegen Ende des letzten Jahrhunderts erzählt der Schriftsteller G. von Amyntor:

Nur in heißen Sommern ist das Loch drei Monate ziemlich trocken – in der ganzen übrigen Zeit ist es feucht, und bei Hochwasser ist der Fußboden der zwei Wohnräume, in welche sich elf elende Menschen teilen müssen, mit mehreren Zollen einer schlampig stinkenden Grundfeuchtigkeit bedeckt. Ein offener Eingang führt in die Höhle – die vier Kellerfenster liegen unter dem Niveau des Trottoirs, und bei Regenwetter strömen die Gewässer in lustigen Cascaden [Wasserfällen] zu allen Öffnungen in die Zimmer. Alles, was der arme Schuster oder seine bleiche scrophulöse [an einer Hauterkrankung leidende] Familie nicht durch täglichen Gebrauch berührt oder reinigt, ist mit einer grünlichen Schimmel-Vegetation überzogen, und wenn du in diesen Keller trittst, so schlägt dir ein so modrig-stinkender Dunst, eine so unbrauchbare Luft entgegen, daß du dich staunend fragst, ob du imstande wärst, auch nur 24 Stunden in diesem vergifteten Element zu atmen. Die immer feucht angelaufenen, grünen Scheiben der Fenster gestatten nur einen Blick auf die Schuhe und Stiefel der Vorübergehenden ... und die großen und kleinen Himmelslichter werfen nie einen verheißungsvollen Blick in diese unterirdische Welt."

Barbara Beuys, Familienleben in Deutschland, Hamburg 1980, S. 375.

Nicht zuletzt wegen solchen sozialen Zuständen bildeten sich Jugendgruppen, wie z. B. „Jünglingsvereine". Sie versuchten, ihre knappe Freizeit selbst zu organisieren. Dabei muß man bedenken: Lehrlinge und junge Arbeiter erhielten nur geringen Lohn, Arbeitszeiten von 12 bis 14 Stunden täglich waren nicht selten und sie unterlagen der strengen Erziehungs- und Züchtigungsgewalt ihres Lehrherrn, bei dem sie zumeist auch wohnten. In dieser Situation entstand am Anfang unseres Jahrhunderts die Arbeiterjugendbewegung.

Lehrlinge, jugendliche Arbeiter und Arbeiterinnen von
Schöneberg, Friedenau, Steglitz, Wilmersdorf, Lichterfelde und angrenzenden Orten!
Sonnabend, den 15. Dezember, abends 8 Uhr
im Gesellschaftshaus, Friedenau, Rheinstr. 14
===== Oeffentliche Versammlung. =====
Tages-Ordnung:
Welche Vorteile bietet die Jugendorganisation der arbeitenden Jugend?
Wir erwarten, daß eine lebhafte Agitation für den Besuch der Versammlung entfaltet wird.
Der Vorstand.

1.2 Solidarität gegen Ausbeutung: Die proletarische Jugendbewegung

Im Juni 1904 erhängte sich in Berlin-Grunewald ein Schlosserlehrling namens Nähring, weil er die fortgesetzte Mißhandlung durch seinen Meister nicht mehr ertragen konnte; sein Körper war mit Striemen und Beulen bedeckt. Der sozialdemokratische Rechtsanwalt Dr. Broh schrieb daraufhin in einem Zeitungsartikel, man könne dem allgemeinen Lehrlingsjammer nur solidarisch durch Schaffung von Lehrlingsvereinen abhelfen. Das Echo auf den „Fall" des geschundenen Lehrlings bewies, daß es sich nicht um einen Einzelfall handelte, sondern daß sich viele Lehrlinge und jugendliche Arbeiter in ihm wiedererkannten. Am 10. Oktober 1904 trat der „Verein der Lehrlinge und jugendlichen Arbeiter Berlins" mit 24 Mitgliedern ins Leben, geführt von Dr. Broh. In den Satzungen stand, daß der Verein „die wirtschaftlichen, rechtlichen und geistigen Interessen der Lehrlinge, jugendlichen Arbeiter und Arbeiterinnen zu wahren und zu fördern" trachte. Politische und religiöse Ziele waren ausdrücklich ausgeschlossen – politische deshalb, weil nach Paragraph 8 des geltenden preußischen Vereinsrechtes „Frauenspersonen, Schüler und Lehrlinge" politischen Vereinen weder angehören noch an deren Versammlungen und Sitzungen teilnehmen durften. Die Mitgliederzahl des Vereins stieg schnell; am 1. 1. 1905 zählte er 500, im Juni 1908 2200 Mitglieder ...
Bereits im Jahre 1905 entstanden auch in anderen Orten Norddeutschlands Lehrlingsorganisationen, die die Berliner Satzung fast wörtlich übernahmen. Die drei größten Vereine aus Berlin, Bernau und Harburg gründeten am 25./26. Dezember 1906 in Berlin die „Vereinigung der freien Jugendorganisationen Deutschlands", die sich bis Mitte 1908 auf 36 Vereine mit 5431 Mitgliedern ausdehnte ...
An der primär politischen Intention [Zielsetzung] des Vereins konnte es keinen Zweifel geben. So sind die drei in allen damaligen Programmen und Satzungen auftauchenden Forderungen „Jugendschutz, Bildung, Erziehung" zu verstehen. Der Kampf um die damaligen Jugendarbeitsschutzbestimmungen (sie wurden kaum eingehalten und kontrolliert) galt dem Punkt, wo sich für die jungen Arbeiter und Lehrlinge ihre Klassenlage am unmittelbaren Erlebnis der Unterdrückung und Ausbeutung konkretisieren [verdeutlichen] ließ ...
Den Hauptanteil nahmen Veranstaltungen ein, die wir heute als solche der politischen Bildung bezeichnen würden ...
Daneben gab es „kulturelle" Veranstaltungen wie Lichtbildervorträge und Museumsbesuche, in denen gleichsam ein Hauptziel der Arbeiterbewegung vorweggenommen aufleuchtete: die Beteiligung der Arbeiter an der (unpolitisch verstandenen) „Kultur". Aber der politische Kampf, der Kampf um

die wirtschaftliche und soziale Verbesserung der Lage der Arbeiter mußte auf längere Sicht im Vordergrund stehen ...
Die konkreten Interessen der jugendlichen Arbeiter waren nicht immer identisch [gleich] mit denen der erwachsenen Arbeiter. Das zeigte sich zunächst einmal im familiären Bereich: Daß die „Söhne" ihre Interessen selbst organisieren wollten, ohne die „Väter" zu fragen, mußte diesen unheimlich erscheinen – trotz aller Beteuerung der Söhne, daß man doch auf *seine* Weise und am Ausgangspunkt *seiner* Interessen sich am politischen Kampf der Väter beteiligen wolle.
Die proletarische Jugendbewegung war unter anderem Ausdruck des Protestes der proletarischen Jugend gegen die unerträglich gewordene *alte Familienordnung*. Auf den Anfängen der Jugendbewegung lastete hier das dreifache Joch eines despotischen [willkürlich herrschenden] Staates, der erbarmungslosen kapitalistischen Unterdrücker und Meister und der strengen häuslichen Unterdrückung. In keinem anderen Lande Westeuropas haben die Familientragödien, der Prozeß des Zerfalls der Familie und der Kampf zwischen der alten und jungen Generation so scharfe und stürmische Formen angenommen wie in Deutschland.

Hermann Giesecke, Vom Wandervogel bis zur Hitlerjugend, München 1981, S. 39–43.

1.3 Aus grauer Städte Mauern: Die bürgerliche Jugendbewegung

Arbeiterjugendliche setzten sich also hauptsächlich gegen ihre schlechte wirtschaftliche und soziale Situation zur Wehr. Jugendliche aus eher bürgerlichen Familien hingegen empfanden die wirtschaftlichen Ungerechtigkeiten keineswegs so bedrückend wie ihre beruflich arbeitenden Altersgenossen.
Die Eltern der (reicheren) bürgerlichen Schichten konnten sich auch den Luxus leisten, ihre Kinder länger auf Schulen oder Hochschulen zu schicken. Dort aber erfuhren die jungen Leute Autorität, Disziplin und Abhängigkeit von ihren Lehrern, die ihnen unablässig die Werte und Normen des bürgerlichen Obrigkeitsstaates einhämmerten: Treue, Fleiß, Ordnung, Sauberkeit, Vaterlandsliebe und Gerechtigkeit.
Im Jahre 1895 war es dann so weit. Der Student Herrmann Hoffmann gründete in Berlin einen Wanderverein für junge Leute. Die Mitglieder dieses Vereins unternahmen zunächst nur kleine Wochenendfahrten, doch schon bald entwickelte sich daraus eine große Bewegung, die man später den „Wandervogel" nannte.

Der Auszug der zornigen jungen Männer
Einige entwickelten einen neuen Jugendkult in dem Bestreben, frischen Wind in die schale und muffige Atmosphäre zu bringen, die ihre Eltern umgab. Der Wandervogel war und blieb einmalig in vielerlei Hinsicht, denn Deutschlands Situation in Europa unterschied sich von der anderer Länder.
Der Sieg des Liberalismus in Frankreich, England und den Vereinigten Staaten hatte sich nicht auf Deutschland erstreckt; die „bürgerliche Revolution" war nie zu Ende geführt worden; das Bürgertum war nicht völlig emanzipiert [selbständig]. Wohl hatte der Kapitalismus in Deutschland gesiegt und die Industrialisierung war mit Riesenschritten vorangegangen, aber in weiten Teilen der Bevölkerung erhielt sich eine mittelalterliche, antiliberale und antikapitalistische Mentalität [Denkweise], weil die Menschen selbst nicht an vorderster Stelle und aktiv an dieser Entwicklung beteiligt waren, die häufig von oben herab oder von außen her in Gang gebracht wurde ...
Die Angehörigen der Jugendbewegung ... empfanden sehr stark, was eine frühere – und spätere – Generation von Philosophen die „Entfremdung" nannte. Ihre Diagnose [Beurteilung der gesellschaftlichen Situation] war unbestimmt, und noch weniger klar waren ihre Vorschläge zur Besserung der Situation. Aber diese ihre Empfindung war stark und aufrichtig.
Ganz allgemein standen ihnen zwei Möglichkeiten der Auflehnung offen: Sie konnten ihre radikale Kritik an der Gesellschaft fortsetzen, was sie nach einer gewissen Zeit in das Lager der sozialen Revolution geführt hätte. Aber die Sozialdemokraten waren wenig attraktiv für die Söhne und Töchter deutscher Bürgerhäuser. Sie wollten eine Änderung der menschlichen Beziehungen, und es war gar nicht sicher, daß das durch ein neues politisches und gesellschaftliches System zu erreichen war, mochte es auch noch so radikal verschieden sein von dem, unter welchem sie lebten. Die Wandervögel wählten die andere Form des Protestes gegen die Gesellschaft – Romantik. Ihre Rückkehr zur Natur war romantisch, genau wie ihre Bemühungen, einer materialistischen [nur auf wirtschaftlichen Eigennutz bedacht] Zivilisation zu entfliehen, ihr Streben nach dem einfachen Leben, die Wiederentdeckung alter Volkslieder und Folklore, die Übernahme mittelalterlicher Namen und Sitten ...
Die Jugendbewegung entstand spontan, nicht aufgrund intellektueller Reflexionen [Nachdenken], nicht in der Absicht, die Vergangenheit zu kopieren. Es gab keine tieferen Beweggründe; es war einfach Wandern um des Wanderns willen. In späteren Jahren wurden ihre mittelalterlichen Manieriertheiten [geziertes Verhalten], ihre Teutschtümelei manchmal kritisiert, ebenso wie ihre Versuche, den Stil der fahrenden Scholaren [herumziehende Studenten] des Mittelalters zu imitieren [nachzuahmen] ...

Die Gesellschaft hatte ihren jungen Menschen nicht viel Aufregendes zu bieten. Im allgemeinen wurde die Jugend als ein ziemlich lästiger Lebensabschnitt und Geisteszustand angesehen. Die Gemeinschaft war ganz und gar auf den Erwachsenen bezogen und die Erziehung darauf abgestellt, eine neue Generation von Lehrern, Staatsbeamten und Reserveleutnants auszubilden, die ein mehr oder weniger getreues Abbild der älteren Generation war. In den Schulen herrschte strenge Disziplin, das Studium von Griechisch und Latein wurde als einzig wahre Bildung betrachtet ...
Es war eine florierende und erfolgreiche Gesellschaft, aber sie muß für lebendigere Geister recht öde gewesen sein, vielleicht sogar erstickend, und von Romantik war in ihr gewiß nicht viel zu spüren.

Walter Laqueur, Die deutsche Jugendbewegung, Köln 1978, S. 14–22.

Interessenunterschiede
Sowohl die bürgerliche als auch die proletarische Jugendbewegung drückten ihren Protest gegen das um die Jahrhundertwende bestehende gesellschaftliche System aus. Während sich die Arbeiterjugend in erster Linie gegen ihre als unmenschlich empfundene wirtschaftliche Situation zur Wehr setzte, wollte die bürgerliche Jugendbewegung vor allem die menschlichen Beziehungen verändern:

Im Unterschied zur bürgerlichen Jugendbewegung tendierte die proletarische Jugendbewegung nicht zur romantischen Flucht aus den Städten, dazu fehlten sowohl die Zeit wie auch die ökonomische [wirtschaftliche] Entlastung. Urlaub gab es für junge Arbeiter und Lehrlinge praktisch nicht. Zur bürgerlichen Gesellschaft und ihren Ritualen, von denen sich die bürgerliche Jugendbewegung emanzipieren [befreien] wollte, hatten junge Arbeiter ohnehin kaum einen Bezug. Man kann nicht einmal sagen, daß die proletarische Jugendbewegung eigene Ideen entwickelte bzw. irgendwelche Ideen der gleichzeitigen Reformbewegungen aufnahm. Ihre Vorstellungen verblieben vielmehr im Rahmen der marxistisch-sozialistischen Überlieferungen der Arbeiterbewegung ...
Während der Wandervogel sich in der Freizeit einen Spielraum suchte für seine sozialen und emotionalen Experimente und dafür aus den immerhin noch „besseren Vierteln" der Städte auszog, blieb die Arbeiterjugendbewegung in den immerhin „schlechteren Vierteln" der Städte und wollte diese durch politischen Kampf menschlicher machen. Im Unterschied zum Wandervogel war die Arbeiterjugendbewegung aufs ... Konkrete konzentriert, unromantisch-rationalistisch nahm sie die technischen und kapitalistischen Tendenzen an, die der Wandervogel gerade ablehnte, und suchte deren „fortschrittliche Momente" zu unterstützen ...

Ihre Emanzipationsbestrebungen entsprangen einer spezifischen [besonderen] Erfahrung, die die bürgerliche Jugendbewegung gar nicht nachvollziehen konnte: der Erfahrung von Ausbeutung und würdeloser Behandlung am Arbeitsplatz. Und diese Erfahrung deckte sich mit allen anderen, die
25 man mit dem ... bürgerlichen Staat machen konnte: in der Volksschule und Fortbildungsschule, im Umgang mit Behörden, im Militärdienst. Die Theorie der „Väter" von der Klassengesellschaft entsprach somit der Alltagserfahrung, und da gab es keine romantische Distanz als Lösung ...
War in der bürgerlichen Jugendbewegung die Gruppe lediglich die soziale
30 Verlängerung der individualistischen Selbst-Darstellung mit der Implikation [Anspruch], daß eine die face-to-face-Situation [zwei Personen betreffend] überschreitende regelmäßige Kommunikation als verhältnismäßig entbehrlich erscheinen mußte, so verwies die ... politische Motivation die proletarische Jugendbewegung von vornherein auf eine nur durch straffe
35 und umfangreiche Organisation zu vermittelnde Solidarität möglichst aller Betroffenen.

Hermann Giesecke, Vom Wandervogel bis zur Hitlerjugend, München 1981, S. 51f.

2. Jugend in der Gesellschaft

2.1 Wie sehen Jugendliche ihr Leben und die Gesellschaft?

In diesem Kapitel wollen wir einerseits junge Leute zu Wort kommen lassen, andererseits Statistiken und Texte vorstellen, die sich mit Jugendlichen, ihren Ansichten, Meinungen und Vorstellungen befassen.
Betrachtet man sich die Interviews mit Micky und Bene in den beiden folgenden Texten, dann fällt auf, daß sie eine Sprache sprechen, die von anderen – und schon gar nicht von Erwachsenen – kaum verstanden werden kann. Dahinter könnte der Wunsch stehen, sich als etwas Besonderes zu sehen, oder die Gruppe der Jugendlichen von den anderen gesellschaftlichen Gruppen zu trennen. Vielleicht aber ist es auch nur Spaß, wenn Micky Erzählungen über die Jahre nach dem Ende des Zweiten Weltkriegs, also nach 1945, als „Nachkriegssound" bezeichnet. Andererseits ist Benes Einstellung zu Mädchen („zombige Tanten", „Alte", „Tussi", „Disco-Torte", „scharfe Käthe", „Mutti", „Schnecke") auch etwas abfällig, oder gehört sein Wortschatz heute zum „guten Ton" unter jungen Leuten?

2.1.1 Einstellungen und Werte

„Null Bock auf Nachkriegssound"
M-T: Du bezeichnest Dich selbst als Sponti. Was ist das eigentlich für einer, ein Sponti?
Micky: Das ist einer, den die ganze bürgerliche Scheiße anstinkt und der deshalb versucht, selbst gegenanzustinken – das ist einer, der keinen Bock mehr hat auf diesen ganzen Nachkriegssound und so. Sieh Dir doch die Leute an: Die sind doch alle irgendwie falsch drauf! Da ist doch kein Feeling mehr, bei dem, was die machen ... Nee, wir wollen uns nicht setzen, wir wollen leben – JETZT –, und deshalb stellen wir einfach alles in Frage. Wir suchen nach was ganz anderem ...
M-T: Wo soll es denn hingehen?
Micky: Zunächst einmal wissen wir, was wir nicht wollen: Wir wollen uns nicht mehr unsere Phantasie verschütten lassen, wir wollen uns kein Lebensmodell aufzwingen lassen – deshalb probieren wir neue Formen des Widerstands aus: Das Leben soll ein Jahrmarkt werden. Logisch oder unlogisch, das soll es nicht mehr geben ...
M-T: In Münster wurde auf der Uni-Vollversammlung ein lebendes Schwein zum Rektor gewählt. Der Vorschlag kam von den Spontis. Sind solche Aktionen typisch für die Sponti-Bewegung – und was wollt ihr damit bezwecken?
Micky: Wir führen keine langen Strategiediskussionen – wir machen Action. Jeder kann mitmachen, und wenn einer 'ne geile Idee hat, dann fahren wir voll drauf ab. Wichtig ist, daß alles ganz locker ist – und das mit dem Schwein, das ist doch irre stark ... mit so einer Kiste kann man die Leute doch mal ganz easy schnallen lassen, was für 'ne abgewichste Tour 'ne Wahlveranstaltung ist. Außerdem – Politik muß doch auch Spaß machen ...
Wir wollen in uns neue Fähigkeiten entdecken, uns selbst neu entdecken ... dazu muß man zunächst mal einige Tabus knacken, den Leuten zeigen, daß es auch anders geht. Da braucht doch niemand gleich auf Horror zu kommen, wenn wir 'n bißchen angepunkt sind, halt locker drauf sind ...

Claus Peter Müller-Thurau, Laß uns mal 'ne Schnecke angraben, Düsseldorf 1984, S. 41 f.

„Von zombigen Tanten und tollen Bräuten"
M-T: Hast Du eine Freundin?
Bene: Gehabt – mit meiner Alten läuft es nicht mehr. Die ist voll auf einen anderen Typen abgefahren – so einen mit reichlich Knete und geilen Klamotten. Wahrscheinlich auch noch mit 'ner echt abgefahrenen Wohnung, wie ich sie nicht bieten kann.
M-T: Bist Du drüber weg?

Bene: Na ja – zunächst war ich ziemlich finster drauf, bin echt ausgeklinkt. Ich fand das von Susi einfach unheimlich abgespitzt. Kommt da einfach jemand, der unheimlich aufs Blech haut, und die Torte läßt sich antörnen.
M-T: Ist es für Dich schwer, 'ne andere kennenzulernen?
Bene: Weißt Du – die echt zombigen Tanten sind nicht so leicht anzugraben. Ich bohr' mich zweimal die Woche in 'ne Disco ... seh zu, wie die sich da auf der Tanzfläche einen abhotten ... und bei Gelegenheit laß ich bei 'ner Tussi 'nen Spruch los. Obwohl – eigentlich nervt mich das.
M-T: Was stört Dich denn da am meisten?
Bene: Also, da gibt's immer so'n paar Aufreißer-Typen, die sich die echt tollen Bräute keilen. Die schmier'n denen unheimlich was vor, powern voll rein – und die Disco-Torten stehn da auch noch drauf. Das ist doch Fuzzi, sowas.
M-T: Auf welchem Typ von Mädchen stehst Du denn?
Bene: Also auf keinen Fall auf so'm Teenie-Bopper. Ich wünsch' mir eine, mit der ich echt quatschen, auch mal rumflippen kann. Eine, die das durchtickt, was so läuft ... die sich mal 'n Buch reintut und nicht nur den alten Kappes nachlabert. Wenn sie dann noch scharf ist – so eine würd' ich gern aufreißen ...
M-T: Hast Du schon einmal mit einem Mädchen geschlafen?
Bene: Logo! ...
M-T: Meinst Du, daß Empfängnisverhütung nur eine Sache der Frau ist?
Bene: Nee, also ich meine, daß der Mann nicht der Zampano ist, der die Ziege erst losläßt und dann 'ne Biege machen kann. In 'ner Zweierkiste, da müssen sich beide echt reinschaffen – da muß man auch als Typ, selbst wenn einen die Mutti echt anknallt, da muß man immer checken, was läuft.
M-T: Was bedeutet für Dich Treue in einer Partnerschaft?
Bene: Treue, also das bedeutet für mich, daß ich den anderen nicht verlade. Das ist für mich eigentlich 'ne ganz coole Sache – daß ich nicht mit 'ner abgemackerten Tour komme und mit 'ner anderen rummache. Also, von meiner Braut würd' ich erwarten, daß sie nicht woanders was vom Teller zieht. Da wäre bei mir empty!
M-T: Könntest Du Dir vorstellen, einmal Kinder zu haben, Bene?
Bene: Weißt Du, die Kiste ist für mich kein Thema. Ich muß ja erst mal die riesige Tussi aufmachen, mit der ich auf Wolke sieben gehen kann. Und da muß ich wohl erst mal weiter auf Hasenjagd gehen ...
M-T: Also keine Meinung, ich meine zu Kindern?
Bene: Nee, Du brauchst keine Angst zu haben! Ich komm' jetzt nicht mit „no future" oder so. Ich will hier nicht aufs Blech hauen von wegen Verantwortung und so – aber später mal Kinder, das wär' schon mein Ding. Aber wie gesagt – erst mal brauch' ich die passende Schnecke.

Claus Peter Müller-Thurau, Laß uns mal 'ne Schnecke angraben, Düsseldorf, 1984, S. 41 f. und 30–32.

Leistung und Erfolg
Seit Ende 1982 regiert in Bonn eine Koalition aus CDU/CSU und FDP. Bundeskanzler Helmut Kohl (CDU) verkündet seither Optimismus und positive Lebenseinstellung. Das CDU-nahe „Sozialwissenschaftliche Forschungsinstitut der Konrad-Adenauer-Stiftung" veröffentlichte im Dezember 1983 eine Studie über die „Lebensperspektiven von Jugendlichen". Ihre Ergebnisse stehen teilweise in Widerspruch zu anderen Forschungen. Ist es wirklich so, daß 78% der Jugendlichen zustimmen, wenn gesagt wird, daß „Leistung und Erfolg" zum Leben gehören, oder muß man derartige Ergebnisse nicht genauer betrachten? Was heißt eigentlich „Leistung und Erfolg" gehören zum Leben, was ist Leistung und was Erfolg, und wie erreicht man beides?

Über die Einstellungen von Jugendlichen
Die folgenden Aussagen wurden insgesamt 2003 jungen Leuten zwischen 14 und 21 Jahren vorgelegt. In Prozenten ausgedrückt, gaben sie diese Antworten:

Aussage	stimme zu	unentschieden	stimme nicht zu	keine Antwort
Für mich gehören Leistung und Erfolg zum Leben dazu	78	10	10	2
Ich möchte beruflich Karriere machen	71	15	10	4
Ich möchte Kinder haben und ein glückliches Familienleben führen	70	17	10	3
Ich werde mich zusammen mit anderen für meine Überzeugungen vom richtigen Leben persönlich einsetzen	59	25	13	4
Ich möchte ganz anders leben, als meine Eltern gelebt haben	50	18	29	4

Aussage	stimme zu	unent- schieden	stimme nicht zu	keine Antwort
Wir sollten keine Angst vor der Zukunft haben, die meisten Probleme lassen sich lösen	50	18	31	2
Der technische Fortschritt garantiert uns allen einen hohen Lebensstandard	49	18	29	4
Mein eigenes Lebensglück ist mir wichtiger, als mich dauernd mit den Problemen dieser Welt zu beschäftigen	43	22	32	4
Ich werde versuchen, mich dem Leistungs- druck zu entziehen, weil ich ihn entschieden ablehne	29	21	45	4
Ich möchte in einer Wohn- gemeinschaft leben	26	16	54	4
Wer heute noch Kinder in die Welt setzt, handelt verantwortungslos	15	18	64	2
Ich finde, daß mein Leben eigentlich keinen Sinn hat	9	13	74	4

Jugendstudie Dezember 1983, Sozialwissenschaftliches Forschungsinstitut der Konrad- Adenauer-Stiftung.

Jugend und politische Parteien
Überall hört man, die Jugendlichen seien „Parteien-müde". Lediglich die Grünen – so heißt es immer – werden in der Regel von jungen Menschen positiv eingeschätzt. Zumindest was die Gesamtzahl der jungen Wähler angeht, scheint das nicht zu stimmen, denn sowohl CDU als auch SPD haben nach der „Shell-Studie" von 1981 mehr jugendliche Wähler als die Grünen. Betrachtet man aber die Wähler der einzelnen Parteien insgesamt, so stellt sich heraus, daß der prozentuale Anteil von jungen Leuten an der Wählerschaft der Grünen höher ist als bei anderen Parteien.
Die Studie hat außerdem festgestellt, daß es eine Verbindung gibt zwischen der persönlichen Lebenssituation von Jugendlichen und ihrer Einstellung zu den politischen Parteien. Also: Wer die Zukunft optimistisch einschätzt, wer keinen Grund hat, sich zu beklagen, wer am liebsten alles „beim Alten" belassen möchte, der neigt eher zur CDU oder CSU. Wer hingegen pessimistischer in die Zukunft blickt, der tendiert mehr zu den Grünen. Die SPD hingegen hat eine jugendliche Anhängerschaft, die sie unabhängig von ihrer persönlichen Lebenssituation wählt. Welche Gründe könnten bei diesen jungen Leuten ausschlaggebend sein für die Wahl der SPD?

Auf die Frage, welche politische Partei sie gut finden, gab es folgende Antworten:
32% der Jugendlichen geben an: „keine Partei". Darunter sind sowohl solche, die sich aus politischen Überlegungen heraus für keine der in unserem Land wichtigen Parteien entscheiden, als auch solche, die aufgrund von noch geringer Vertrautheit mit den Fragen der Politik keine Partei angeben können. 24% der Jugendlichen entscheiden sich für die SPD, 20% für die Grünen, 18% für die CDU/CSU, 6% für die FDP. Auf die vier anderen vorgegebenen Gruppierungen – DKP, KBW, NPD (Deutsche Kommunistische Partei, Kommunistischer Bund Westdeutschlands, Nationaldemokratische Partei) und Freie Wählervereinigungen – entfallen jeweils weniger als 0,5%.
An diesem Ergebnis sind zwei Aspekte bemerkenswert:
– Die Grünen treffen auf große Sympathien bei den Jugendlichen.
– Weder die weit links noch die weit rechts stehenden Parteien treffen auf auch nur nennenswerte Sympathien. Weder die kommunistischen Organisationen DKP und KBW noch die nationalistische NPD haben unter Jugendlichen eine Chance.*

Shell-Studie, zit. nach: Planung und Analyse, März 1982, Nr. 3, S. 129ff.

---

* Dazu ist in dieser Reihe erschienen: Matthias von Hellfeld, Neue Gefahr von rechts? Neonazis und Rechtsextremisten in der Bundesrepublik Deutschland, 1985, 64 Seiten, Best.-Nr. 05325.

Umweltschutz

Schenkt man der Shell-Studie weiter Glauben, so ist die große Mehrheit der jungen Generation in der Friedensbewegung engagiert. Auch wenn manche von ihnen eine pessimistische Zukunftserwartung haben, versuchen sie ihr Leben „in die Hand" zu nehmen. Etwa 50 bis 80 Prozent der jungen Leute stehen außerdem den verschiedenen Umweltschutzgruppen positiv gegenüber, und davon wiederum die Hälfte bezeichnet sich selber als aktive Umweltschützer. Man kann also nicht behaupten, Jugendliche hätten keine Ideale, denen sie nacheifern. Wenn nun trotzdem immer wieder zu hören ist, Jugendliche „gammelten" nur, liegt das vielleicht daran, daß z.B. „Greenpeace" oder andere Bürgerinitiativen von der Gesellschaft oft als „Revoluzzer" oder „Querulanten" abgetan werden.
Das aber ist ein Widerspruch, denn Umweltschutz ist eigentlich das Gegenteil von einer Revolution: nämlich das Streben, die Natur so zu erhalten, wie sie nun einmal ist, und sie vor schädlichen Chemikalien und Dreck der Industrie zu bewahren.

Die Mehrheit der Jugendlichen sieht die Zukunft der Gesellschaft pessimistisch: 58% schätzen die gesellschaftliche Zukunft als „eher düster", 42% als „eher zuversichtlich" ein.

- 95% der Jugendlichen rechnen nicht damit, daß die Kriege abgeschafft werden
- 95% rechnen nicht damit, daß es eine sorgenfreie Gesellschaft geben wird
- 80% rechnen mit Rohstoffknappheit, Wirtschaftskrisen und Hungersnöten
- 78% rechnen nicht damit, daß es mehr Gleichheit unter den Menschen geben wird
- 76% rechnen damit, daß Technik und Chemie die Umwelt zerstören werden.

Shell-Studie, zit. nach: Planung und Analyse, März 1982, Nr. 3, S. 129ff.

Moderne Technologie

Es mag sein, daß Fleiß und Beharrlichkeit als Voraussetzung für Kreativität von jüngeren Leuten heutzutage unterschätzt werden. Es ist auch zu befürchten, daß die starke Betonung der Selbständigkeit in der Erziehung heute ihren Preis hat, etwa darin, daß unsere Kinder rücksichtsloser und selbstbezogener sein werden, als es unsere Eltern waren. Aber das wäre eine Folge von zuviel Leistungsmotivation, nicht von zuwenig. Unser Problem ist wahrscheinlich nicht, daß Leistungsmotivation versiegt, sondern daß sie uns bis in unsere intimsten Bereiche nachstellt oder daß sie fehlgeleitet wird.

Aber was heißt hier fehlleiten? Stehen die „neuen" Ziele des Umweltschutzes, der Friedenssicherung durch Vertrauensvorschuß und der Toleranz für abweichende, vergleichsweise bescheidene Lebensstile im Widerspruch zu den „klassischen" Wohlstandszielen der Leistungsgesellschaft? Viel mehr sind sie als eine Reaktion auf deren unerwünschte Folgen zu betrachten. Zu den Folgen gehört insbesondere, daß die moderne Technologie neben allem Guten wachsende Verunsicherung gebracht hat.
Wie viele der Jungen haben sich deshalb vom Wohlstand abgewandt? „Ich möchte nur so viel arbeiten und verdienen, daß es zum Lebensunterhalt reicht", sagten 1979 sieben Prozent der Jugendlichen, kaum mehr als 1973. Von drei auf sechs Prozent angewachsen ist der Anteil derjenigen, die es „nicht so weit bringen möchten wie ihre Eltern". Ganze sechs bis sieben Prozent der Jugendlichen also wollen das Wohlstands-Wettrennen nicht mitmachen.
Das sind viel weniger als diejenigen, die ... Ziele wie persönliche Freiheit, Meinungsfreiheit, Beteiligung an Entscheidungen oder Umweltschutz an die Spitze ihrer Wertskala stellen, aber deshalb auf materiellen Wohlstand nicht verzichten wollen. Wohlstand abwerten heißt also für sie nicht: ablehnen. Die Kinder des Wohlstands wollen auch weiterhin Wohlstand und sind bereit, sich dafür anzustrengen.

Karl-Otto Hondrich, Sie wollen etwas leisten, in: Die Zeit, vom 12. 3. 1982, S. 16.

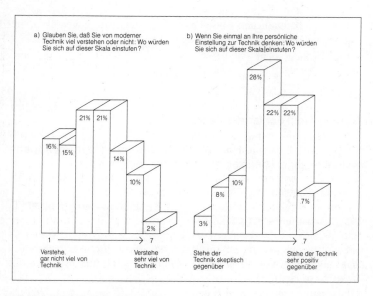

Siemens-Zeitschrift, Nr. 57/1983, Heft 3, S. 33

No Future für die Ehe?

Interessant ist auch die Frage, ob junge Leute die Gewohnheiten, Traditionen und Einstellungen ihrer Eltern ablehnen und was sie statt dessen gutheißen. Man muß sich dabei aber vor Augen halten, daß ältere Menschen immer sagen: Die junge Generation macht alles anders als wir. Meistens meinen sie damit, sie mache alles schlechter als sie es selber früher gemacht haben.

Heute gibt es einigen Widerspruch gegen die althergebrachte Lebensform in Ehe und Familie, allerdings deutet die steigende Zahl der Eheschließungen auch schon wieder die Umkehrung dieses Trends an. Hier ist zu fragen, welche alternativen Lebensformen heute ausprobiert werden und wo eigentlich die Unterschiede liegen zwischen der Ehe oder einer „Zweier-Beziehung" und einer anderen Form des Zusammenlebens.

Deutliche Minderheiten der Jugendlichen lehnen zentrale Stationen des konventionellen [althergebracht] Lebensentwurfes ab. Sie wollen einige lebenslange Bindungen (Ehe, Elternschaft, Besitz) nicht eingehen:
- 21% der Jugendlichen wollen nicht das Erbe von den Eltern (Betrieb,
5   Hof, Praxis, Grundbesitz) übernehmen
- 13% wollen nicht heiraten
- 7% wollen nicht Vater bzw. Mutter werden

Sichtbare Minderheiten akzeptieren wichtige Schritte zum Erwachsenenstatus nicht, lehnen die „natürliche" Abfolge der Alterspositionen im Leben
10 ab:
- 20% der Jugendlichen wollen nicht von (jüngeren) Jugendlichen als Erwachsene angesehen werden
- 15% wollen nicht von den meisten Leuten mit „Sie" angesprochen werden

Shell-Studie, zit. nach: Planung und Analyse, März 1982, Nr. 3, S. 129ff.

Träumen vom Schlaraffenland

Vom Schlaraffenland, wo einem die gebratenen Tauben in den Mund fliegen, wo Milch und Honig fließt, träumt wohl jeder irgendwann einmal. Aber abgesehen von diesem schönen Traum ist es interessant zu fragen, an welchen Plätzen Jugendliche bevorzugt leben möchten. War die „Südsee-Insel" nicht auch schon der Traum der jungen Leute vor hundert Jahren? Und ist es nicht stinklangweilig, an einem Ort zu leben, wo man ein ganzes Leben lang „ausruhen" kann? Dennoch muß es einen Grund geben, warum junge Leute immer wieder sagen, sie wollten gerne im Schlaraffenland leben. Vielleicht sagen sie es aber auch nur, weil sie wissen, niemals wirklich dort leben zu können (oder zu müssen).

Fünf Traumtypen lassen sich unter Jugendlichen ausmachen, die recht unabhängig voneinander geträumt werden. Am verbreitetsten ist der Traum

vom „Schlaraffenland" (Südsee-Insel, Luxusvilla). An zweiter Stelle der Beliebtheit folgt bereits der „alternative Raum":
- in einem Fischerdorf, wo man mit den Nachbarn lebt, ganz ohne Industrie, wollen 65 % der Jugendlichen leben
- mit einem einsamen Blockhaus am Wald liebäugeln 55 %
- selbst für einen Bauernhof vor 100 Jahren können sich noch 34 % erwärmen

Shell-Studie, zit. nach: Planung und Analyse, März 1982, Nr. 3, S. 129 ff.

Video und Glotze

Als letztes schließlich noch die Frage nach einem weitverbreiteten Vorurteil: Stimmt es wirklich, daß die „heutige Jugend" nur noch vor der Glotze hockt, sich einen Video-Streifen nach dem anderen „reinzieht", den ganzen Tag lang mit Computern „spielt" und infolgedessen kein Buch oder keine Zeitung mehr liest – ganz davon zu schweigen, daß junge Leute heutzutage noch selber schreiben würden, wenn es nicht unbedingt nötig ist?

Wir fragten zum Beispiel direkt nach der biographischen [lebensgeschichtlich] Schreibpraxis von Jugendlichen. Rund ein Drittel der Befragten pflegt die Briefkorrespondenz, je ein Viertel schreibt Aufsätze/Gedichte oder führt ein Tagebuch. Jeden zehnten Jugendlichen etwa können wir zu den intensiv Schreibenden rechnen. Geschriebene Selbstäußerungen sind einer qualifizierten Minderheit vorbehalten. Dennoch sehen wir in dem Ergebnis eine Bestätigung dafür, daß die jugendliche Schreibtätigkeit – entgegen einem populären Vorurteil – trotz des Einflusses moderner Lebensbedingungen (vor allem der Medien) keineswegs zum Erliegen gekommen ist.

Shell-Studie, zit. nach: Planung und Analyse, März 1982, Nr. 3, S. 129 ff.

2.1.2 Veränderte Welt – veränderte Werte?

Wir haben bisher einige Punkte zusammengetragen, die die Lebensvorstellungen von jungen Menschen beschreiben. Fragt man nun nach den Gründen für ihre Einstellungen, so wird man sicher beachten müssen, daß neue Techniken und vor allem neue Medien* nicht nur das Freizeitverhalten beeinflussen, sondern darüber hinaus auch die Werte und Einstellungen der Jugendlichen. Jeder von uns kann feststellen, daß sich diese Werte von Generation zu Generation verändert haben – sie unterliegen einem ständigen Wandel. Deshalb ist es interessant herauszufinden, was viele Jugendliche etwa 1960 dachten.

---

* Dazu ist in dieser Reihe erschienen: Jürgen Feick/Charlotte Hospelt, Neue Medien – verändern sie unser Leben?, 1984, 64 Seiten, Best.-Nr. 05326.

Manches von dem, was uns heute ganz selbstverständlich erscheint, was unseren Alltag wesentlich mitbestimmt, gab es vor 20 oder 25 Jahren noch nicht: z.B. Farbfernsehen, Video, Menschen auf dem Mond oder im Weltall, Atomraketen, turbo-getriebene Autos, Waldsterben, Atomkraftwerke in größerer Zahl, Satelliten im Weltall, Computerspiele oder Micro-Chips. Diese Liste läßt sich leicht verlängern.
Ist es angesichts dieses rasanten Wandels überhaupt erstaunlich, daß sich die Einstellungen und Ansichten der Menschen verändern? Oder haben Werte und Normen der Jugendlichen weniger etwas mit technischen Neuerungen zu tun als vielmehr damit, daß junge Leute einfach von sich aus etwas Neues ausprobieren wollen?

Vergleich: 1962 und 1983
Im Frühjahr und Herbst 1983 wurden von dem Meinungsforschungsinstitut Infratest Jugendliche der Geburtsjahrgänge 1964 bis 1967 befragt. Man wollte ihre Bereitschaft zur Eingliederung in die Gesellschaft feststellen und sie mit der gleichen Altersgruppe vor 21 Jahren vergleichen. Die Ergebnisse waren erstaunlich:
Die oft zu hörende Meinung von der „pessimistischen Jugend" konnte nicht bestätigt werden, denn 1962 hätten nur 21 Prozent an eine bessere Zukunft geglaubt, 1983 hingegen waren es beinahe 36 Prozent. Die Beziehung zu den Eltern ist nach den Ergebnissen der Umfrage sogar besser geworden. Mit den Müttern verstanden sich fast 58 Prozent der befragten Jugendlichen gut, 1962 waren es nur etwas mehr als 46 Prozent gewesen. Die Konflikte zwischen Töchtern und Vätern hingegen nahmen in den letzten 21 Jahren zu. Die Bedeutung einer „Clique" hat für junge Leute zugenommen. Anfang der 60er Jahre gehörten nur gut 16 Prozent zu einer festen Gruppe, bei der Umfrage 1983 waren es immerhin 57 Prozent. Die Skepsis gegenüber der Ehe ist unter den Befragten gewachsen. Wollten 1962 noch etwa 97 Prozent der jungen Generation heiraten, waren es 1983 nur noch ein wenig mehr als 87 Prozent. Unter den befragten Lehrlingen und Berufstätigen waren 1983 fast 69 Prozent mit ihrer Arbeit zufrieden, 1962 waren es nur wenig mehr, nämlich fast 73 Prozent. Die Zahl derer, die gerne arbeiten, stieg von gut 50 Prozent im Jahre 1962 auf etwas mehr als 57 Prozent. Die Ansicht, auch ohne Arbeit glücklich sein zu können, vertraten damals 6 Prozent, 1983 antworteten gut 8 Prozent auf diese Frage mit Ja.

Jugendliche zu den Nazis und zur Politik

Das Einverständnis von Jugendlichen mit dem politischen System ist in der Bundesrepublik Deutschland seit ihrer Gründung immer ein vieldiskutiertes Thema gewesen. Allerdings haben sich die Schwerpunkte verschoben. Galten in der Gründungsphase der Republik und für die folgenden anderthalb Jahrzehnte die Akzeptanz [Zustimmung] der parlamentarischen Demokratie und die Aufklärung über den Nationalsozialismus als die vordringlichen Aufgaben politischer Bildung, so ist heute die Anerkennung der parlamentarischen Demokratie gegenüber fundamentaldemokratischen (und/oder „antidemokratischen") Vorstellungen gerade in der jüngeren Generation ein Schwerpunkt. ...

Der Nationalsozialismus hat in den vergangenen 20 Jahren an Unterstützung verloren. War schon 1962 die Zustimmung zum NS-System, die Wahrnehmung von guten Seiten oder Schuldzuschreibung an die Opfer nur bei einer Minderheit der Jugendlichen vorhanden, so zeigt Tab. 1, daß diese Meinungen unter Jugendlichen heute noch seltener geworden sind ...

Tabelle 1:

Wenn Sie heute an die Zeit des Dritten Reiches denken, was würden Sie sagen: Hatte der Nationalsozialismus im ganzen gesehen mehr schlechte oder mehr gute Seiten?		
	1962	1983
Anzahl der Befragten	637	1422
Nur schlechte	4,9	17,7
Mehr schlechte	57,8	66,5
gute wie schlechte	30,0	12,3
mehr gute	7,4	3,4

Daß Politik in Deutschland oft als ein vermeintlich „schmutziges Geschäft" galt, ist bekannt. Heute hat die Zustimmung zu dieser Aussage abgenommen.

Tabelle 2:

Politik verdirbt den Charakter, ein anständiger Mensch hält sich draußen		
	1962	1983
Anzahl der Befragten	872	1531
starke Ablehnung	32,2	39,8
mittlere Ablehnung	16,6	23,3
schwache Ablehnung	18,7	14,8
schwache Zustimmung	13,9	10,8
mittlere Zustimmung	10,9	8,6
starke Zustimmung	4,9	2,1

Klaus Allerbeck, Systemeinverständnis und gesellschaftliche Leitbilder von Jugendlichen, in: Aus Politik und Zeitgeschichte, B 50/1984, S. 14 ff.

2.2 Wie sieht die Gesellschaft „ihre Jugend"?

2.2.1 Weniger Tradition und mehr Makrobiotik?

Viele Jugendliche wollen heute eher ihre momentanen Bedürfnisse und Erwartungen befriedigen; sie schauen weniger in die Zukunft. Früher orientierten sich die jungen Leute an beruflichem Erfolg, Karriere und gesellschaftlicher Anerkennung. Heute kann man häufig beobachten, daß ganz andere Wertvorstellungen wichtig sind: Kreativität, Experimentierfreudigkeit im beruflichen und privaten Leben, Solidarität mit Schwächeren, geringere Planung der eigenen Zukunft, größeres Interesse für Fragen der Abrüstung, der Umwelt, der sozialen Gerechtigkeit, der Dritten Welt und vor allem neue Lebensformen wie Kommunen auf dem Land, Wohngemeinschaften oder auch Makrobiotik, Gruppendynamik und zunehmendes Interesse für sinnstiftende religiöse Sekten, bei denen man Geborgenheit und Gemeinschaft sucht. Es kommt noch hinzu, daß sich viele junge Menschen von gesellschaftlichen Vorschriften und Zwängen befreien möchten („das macht man nicht ...", „Was sagen da wohl die Nachbarn?", „Lern erst mal was Anständiges ...", usw.) Sie möchten gerne „autonom" sein, das heißt, ihr Leben ganz und gar selber gestalten und verantworten.

In einer so komplizierten Gesellschaft wie in der Bundesrepublik aber ist das schwierig. Manche fragen sich, ob es denn gut sei, wenn Jugendliche ihren Träumen und Idealen nacheifern, die vielleicht mit denen der übrigen Gesellschaft nicht übereinstimmen.

Mit dem Blick des Weisen?

Wenn diese Beobachtungen stimmen, wird verständlich, warum es heute schwer ist, auf traditionelle [alt bekannt] Weise Vorbilder zu benennen, Leitbilder zu formulieren. Zwar liegen auch die neuen Werte prinzipiell [grundsätzlich] in der Tradition des europäischen Humanismus, der Aufklärung. Aber der Glaube an materiellen Fortschritt und individuelle Vervollkommnung, aus der die bessere Gesellschaft entspringt, hat sich abgenutzt. Kollektive Orientierungen [allgemeine Interessen], die nicht nur das eigene Seelenheil im Auge haben, nehmen zu. Sie sind weniger in der europäischen Geschichte zu finden, sondern in sozialistischen Theorien – und in fernöstlichen Wertvorstellungen und Lebensformen. Die Ideologie der nicht ins Kriminelle herabgekommenen Drogen-Subkultur orientiert sich an dem Weisen, der nicht handelt, sondern abwartet; an Bildern des Stillhaltens, des Träumens, des halluzinatorischen [sinnesgetäuscht] Blicks in die Ferne. Die lineare [gleichmäßig, geradlinig] Zeitmessung einer Leistungsgesellschaft erreicht diejenigen nicht, die im rhythmischen Zeiterleben ihres Körpers, ihrer Gruppe, ihrer neuen Lebensformen Selbstverwirklichung suchen ...
Sind die materiellen Güter knapp, wendet sich das Interesse auf Sicherheit, Stabilisierung. Heute sind menschliche Beziehungen, spontanes Handeln eher ein knappes Gut geworden, darum heute die Frontstellung gegen Einsamkeit, Isolation, Ängste. Die neue Jugendbewegung, die Frauenbewegung sind Beispiele für die Versuche, diese „knappen Güter" (zurück-)zugewinnen. Noch ist es freilich kaum möglich, die „neuen Werte" zu operationalisieren, in gesellschaftliches Handeln umzusetzen; noch gibt es keinen Weg, der sie mit den Notwendigkeiten industrialisierter Gesellschaften verbindet; noch ist nicht auszumachen, ob es sich wirklich um „neue Werthorizonte", die über abendländische Tradition hinausgehen, handelt, oder nur um einen Zyklus [periodisch ablaufendes Geschehen], der schon seinem Ende zugeht – darauf weist vielleicht das Aufkommen konservativer Orientierungen hin, die Wiedererrichtung traditioneller Erziehungsmuster – „Mut zur Erziehung" –, „materiell" orientierte Jugendgruppen wie die Poppers und ähnliche Phänomene.

Dieter Baacke, Jugend heute: Der leise Widerstand, in: Psychologie heute, August 1980, S. 25.

Dazu: Wenn wir diesem sehr wissenschaftlichen Text glauben, ist es also falsch zu behaupten, die „heutige Jugend" besitze keinerlei eigenen Werte, sie sei „haltlos" und wisse nicht, was sie wolle und wie sie ihre Zukunft zu gestalten beabsichtige? Vielleicht muß man bei dem Versuch, Antworten auf diese Fragen zu finden, bedenken, daß neue Werte und Lebensformen zuerst im kleinsten Freundeskreis erprobt werden müssen, bevor sie vielleicht einmal für einen größeren Kreis oder die Gesellschaft insgesamt gelten können.

Die Generationen zusammenbringen

Die Gründe für das Aufbegehren von Jugendlichen liegen tiefer, als es die häufig im publizistischen [veröffentlicht] Scheinwerferlicht liegenden Anlässe des Jugendprotestes vermuten lassen ...
Unser aller Leben ist neuartigen Bedingungen unterworfen, die für alle
5 Generationen vor uns völlig unbekannt waren. Die Erwartung, den Beruf mehrfach wechseln zu müssen, die abverlangte Bereitschaft zu Mobilität und Flexibilität, ein Krisenbewußtsein, das am Fortschritt zweifeln läßt, all dies macht unser Leben instabil und unsere Orientierung so schwierig. Angst entsteht vor einer kalten, unpersönlichen anonymen, von Materialis-
10 mus und Leistungsstreben beherrschten Welt.
Viele Jugendliche suchen nach Geborgenheit, nach Gemeinschaftsbindungen und Lebenssinn.
Die Ökologie- und Alternativbewegung ist kein bedeutungsloses exotisches Phänomen, sondern extremster Ausdruck weitverbreiteter unterschwelliger
15 Bewußtseins- und Gefühlsstrukturen ...
Es ist unsere vordringliche Aufgabe, unsere Gesellschaft so zu gestalten, daß Jugendliche Vertrautheit und Orientierung finden können. Es muß jenes Mindestmaß an Einvernehmen mit der jeweiligen Umwelt geschaffen werden, das es jungen Menschen erlaubt, sich heimisch zu fühlen. Es müs-
20 sen solche Normen und Werte vermittelt werden, die jungen Menschen Orientierung, Urteilen und Handeln ermöglichen ...
Altersgemischte Bürgerhäuser, Verbände und Veranstaltungen sollten bevorzugt gefördert werden. Eigene Jugend-Subkulturen bieten dem Jugendlichen häufig nur Scheinlösungen und Illusionen an Stelle von Vertrautheit
25 und Geborgenheit an.
Das bedeutet allerdings umgekehrt, daß junge Menschen früher, stärker als bisher, in die Verantwortung für sich selbst und für andere genommen werden müssen. Dem Recht auf mehr Selbst- und Mitbestimmung entspricht die Pflicht, größere Belastungen und Zwänge zu tragen. Verantwor-
30 tung heißt nicht nur, auf eigenen Füßen zu stehen und unabhängig zu sein, sondern auch für die Folgen und Konsequenzen der eigenen Entscheidungen und des eigenen Tuns einzustehen – ja darüber hinaus auch für die Entscheidungen und das Tun der Gemeinschaft – selbst dort, wo man selbst gar nicht beteiligt war ...
35 Veränderte Wertorientierungen und moralische Überzeugungen müssen von der Politik in Rechnung gestellt und beantwortet werden. Hierhin gehört nicht nur das verbreitete Unbehagen an Ökonomismus [Wirtschaftsdenken] und Pragmatismus [Sachbezogenheit] der üblichen Politik, sondern

auch das Eingehen auf die Frage nach dem Schutz des Lebens vor den zerstörerischen Folgen der Industriezivilisation (Ökologie) und die Frage nach einem – vor den Nachkommen und vor den Ärmsten dieser Welt – verantwortbaren Lebensstil.

Das Ansehen der etablierten [eingefahren] Politik leidet zunehmend unter dem verbreiteten Gefühl, daß das öffentliche Leben als Beuteobjekt der jeweils regierenden Parteien behandelt wird. Pfründenwirtschaft, Verfilzung und Karrierismus konterkarieren [ins Gegenteil verkehren] den verkündeten Anspruch, dem Gemeinwohl zu dienen.

Das legitime Interesse an Stimmenmaximierung [Stimmengewinne] verleitet häufig Politiker dazu, den Bürgern nach dem Munde zu reden und Dinge zu versprechen, die sich später nicht einlösen lassen. Die Diskrepanz [Mißverhältnis] zwischen dem öffentlich Verkündeten und dem tatsächlich Realisierten ist gerade für Jugendliche demoralisierend.

Wird die Differenz [Abstand] zwischen dem politisch Notwendigen und der praktischen Politik allzu groß und umfassend, muß auf die Dauer auch die Leistungsfähigkeit und die Legitimität [Rechtmäßigkeit] des politischen Systems insgesamt in Zweifel geraten. Hunderttausende von Jugendlichen machen inzwischen persönliche Erfahrungen mit Jugendarbeitslosigkeit und Lehrstellenmangel. Alle Verantwortlichen sollten sich zu einem entschiedenen Engagement gegen diesen „sozialen Skandal" nicht erst dann entschließen, „wenn Fensterscheiben klirren".

Matthias Wissmann (CDU), Jugend will sich heimisch fühlen, in: Frankfurter Allgemeine Zeitung vom 12. 1. 1983.

2.2.2 Vorstellung und Wirklichkeit: Einstellungen über die junge Generation

Als nächstes haben wir einen interessanten Vergleich, nämlich: Stimmen die weitverbreiteten (Vor-)Urteile der Älteren über die junge Generation mit der Wirklichkeit überein? Die Antworten beweisen: Jeder Erwachsene kennt die Vorurteile, aber viele von ihnen halten sie für nicht zutreffend. Aber warum halten sich dann diese Vorurteile überhaupt?

Was die Jugendlichen als Meinung der Erwachsenen über sie (die Jugendlichen) vermuten und was die Jugendlichen selbst – im Vergleich dazu – als Merkmal der Jugendlichen sehen, zeigen folgende Antworten einer Umfrage unter ca. 2000 15–19jährigen jungen Leuten.

Was denken nach Ihrem Eindruck die meisten Erwachsenen über die heutige Jugend allgemein?	Und was sind tatsächlich Ihrer Meinung nach die besonderen Eigenschaften der heutigen Jugend?
Ungezogen, wild und frech.	Viel besser.
Daß sie nicht arbeiten will, auf anderer Leute Kosten leben.	So ist nur ein Teil der Jugend, die meisten sind strebsam und wollen gerne arbeiten.
Es sind Rocker, Taugenichtse. Sie selbst waren früher ganz anders.	Die Jugend ist locker und leicht, will frei leben.
Die Jugend ist gewalttätig, schlecht erzogen.	Genau wie früher auch.
Respektlos Älteren gegenüber, zu verschwenderisch.	Alle wollen ihren eigenen Weg gehen.
Manchmal verrückt.	Fröhlich, jung und lustig.
Früher war das anders, so würde ich nie rumlaufen. Einstellung eher schlechter.	Finde die Jugend gut, besser als früher. Jeder soll machen, was er will.
Die Jugend ist zu sehr verwahrlost.	Selbständiger als früher.
Die Jugend ist faul und desinteressiert, kann sich zu nichts aufraffen und ist überhaupt antriebslos.	Allgemein ziemlich hoffnungslos, weil sie an den bestehenden Zuständen kaum etwas ändern kann. Wenn sie erst erwachsen ist, wird es zu spät sein.
Daß sie nicht weiß, was sie will, daß sie nur in den Tag hineinlebt und sich keine Gedanken über später macht.	Genau das Gegenteil, daß sie Sachen unternimmt, die die ältere Generation nicht getan hat.
Demonstrieren hätte es früher nicht gegeben, sind spießig, terroristisch veranlagt, gewalttätig, aggressiv.	Kreativ, progressiv [fortschrittlich], gewaltlos, mit Aggressionen, mit Träumereien.

Zuviel Freiheit, nicht mehr so streng leben, daß sie ausgelassener sind, viel Tumult machen, mehr Hausbesetzungen machen, aufständig, gereizt sind.	Manchmal ein Ziel vor Augen, was ältere Leute nicht verstehen, nicht viel anders als früher.
Faulheit, Brutalität, zu vieles Einmischen in politische Sachen.	Freiheitsdrang, nicht gut, aber auch nicht schlecht, hält zusammen.
Faul, arbeitsunwillig, wissen nichts mit ihrer Freizeit anzufangen.	Positive Einstellung zur Arbeit, möchte schon etwas leisten, bekommt nur nicht viel geboten.
Unsere Jugend ist verdorben, sie kennt nur Sex und Hasch.	Der größte Teil lebt freier als früher, ist aber auch zufriedener als früher.
Schlecht erzogen, rotzfrech.	Schnodderig, aber positiv.

Klaus Allerbeck/Wendy Hoag, Jugend ohne Zukunft? München 1985, S. 48f.

3. Wie wollen Jugendliche heute leben?

Bei dem Versuch, die Frage zu beantworten, was sich Jugendliche unter „ihrem Lebensstil" vorstellen, muß man sich erst einmal der Tatsache bewußt werden, daß ein großer Teil der heutigen Jugend, die Welt der Erwachsenen, so wie sie ist, akzeptiert und sich den Gegebenheiten anpaßt. Diese „schweigende Mehrheit" sieht – wie Generationen vor ihr – die Zukunft darin, einen „vernünftigen" Beruf zu ergreifen, eine Familie zu gründen, einen bestimmten Lebensstandard zu erreichen und diesen beizubehalten. So denkende Jugendliche sind zwar in der Mehrheit, aber sie bestimmen nicht das Bild, das man von „der Jugend" hat.

Ganz anders verhält es sich mit den Jugendlichen, die durch ihr Verhalten in der Öffentlichkeit auffallen; sei es durch ihre Kleidung oder durch ihr vehementes Eintreten für bestimmte Lebensstile oder politische Überzeugungen. Eigentlich sind sie nur eine verschwindend kleine Minderheit, aber durch ihr Auftreten in der Öffentlichkeit machen sie von sich reden.

3.1 Jugendliche Subkulturen

In diesem Kapitel werden verschiedene jugendliche Gruppen – auch jugendliche „Subkulturen" genannt – vorgestellt, und es soll aufgezeigt werden, welche Protestformen Jugendliche wählen, um auf persönliche oder gesellschaftliche Probleme aufmerksam zu machen. Dabei ist es keinesfalls das Ziel dieser Darstellung, ein vollständiges Bild jugendlicher Subkulturen und aller Arten von Jugendprotest aufzuzeigen. Es sollen lediglich die wichtigsten Formen jugendlichen Protests als Probleme angesprochen und durch Beispiele verdeutlicht werden. Des weiteren werden Vorstellungen von Jugendlichen über das politische System der Bundesrepublik veranschaulicht. Abschließend wird der Frage nachgegangen, wie – d.h. mit welchen Mitteln – sie politische Ideen und Ziele zu verwirklichen suchen.

Subkulturen:
Im allgemeinen versteht man unter Subkulturen Gruppen von religiösen oder sprachlichen und kulturellen Minderheiten. Sie entwickeln eine eigene und zu anderen Gruppen oft abgeschlossene Lebensweise, eine Sonderkultur. Sie kann sich in der Sprache, der Kleidung, den Verhaltenssweisen und Gebräuchen zeigen. Seit dem Auftreten der Beat-Generation, der Hippies oder der Studentenbewegung in den 60er Jahren hat es sich eingebürgert, auch bei bestimmten Gruppen von Jugendlichen von Subkulturen zu sprechen – auch wenn das in der exakten Bedeutung des Wortes nicht ganz korrekt ist.

Von Punks, Mods und anderen
Die betonte Unterscheidung von der Erwachsenenwelt in Kleidung, Auftreten, Musik, Sprache bis hin zur Haartracht sind typische Zeichen jugendlicher Subkulturen. Durch bestimmte Verhaltensweisen, die sich – manchmal extrem – von denen der Erwachsenen unterscheiden, wollen diese Jugendlichen zeigen, daß sie sich nicht an den Normen und Werten der anderen orientieren wollen. Sie wollen anders sein, auffallen, z.T. schockieren. Die Extreme reichen von „Poppern" auf der einen Seite bis hin zu „Punks" auf der anderen. Durch besondere Kleidung, eigene Zeichen und Symbole und oft auch durch eigenwillige Frisuren wollen diese Jugendlichen ihren eigenen, individuellen Stil aufzeigen. Auf der anderen Seite drücken sie aber dadurch auch wiederum aus, daß sie zu einer bestimmten Gruppe, einer eigenen Subkultur gehören.

„Wie das indische Kastensystem" – jugendliche Gruppen heute

Heavy-Metal-Fans
Musik: Hard-Rock (AC/DC. Motorhead, Van Halen, Saxon, Scorpions), ohrenbetäubend verstärkt, schreiende Gitarren; Kleidung: blauer Jeansstoff, Jacke wie Hose, darauf aufgenäht viele Symbole von Bands und Fußballclubs; Frisur: lange Haare; Droge: Bier.

Hippies
Musik: Rock der ausgehenden 60er Jahre (Grateful Dead, Jimi Hendrix, Janis Joplin, The Doors); Kleidung: wallende Hemden und Hosen, darauf Muster mit fernöstlichen Anklängen, Jeans, Umhängebeutel aus Stoff, Halstücher, Sandalen, Turnschuhe, Stiefel; Frisur: lange Haare, meist auch im Gesicht; Drogen: Haschisch, Gras, LSD.

Mods
Musik: schwarzer US-Motown-Sound der 60er Jahre (The Supremes, Smokey Robinson And The Miracles), englischer Rock der Sechziger (The Who, The Small Faces, The Kinks) und Rock der Gegenwart (The Jam); schmale Krawatten, scharfe, knapp sitzende Anzüge, Clarks-Schuhe, Militär-Parkas; Frisur: kurze Haare, sauber geschnitten; Droge: Aufputschpillen (Speed) in horrenden Dosen [Mengen].

Punks
Musik: Punk-Rock (Sex Pistols, UK Subs), zu dem sich Pogo tanzen läßt (hektische Luftsprünge auf der Stelle); Kleidung: schwarzes Leder, viele Ansteck-Buttons mit Punk-Idolen (Sid Vicious), grelle, zerrupfte, schmuddelige T-Shirts. Do-it-yourself-Klamotten, feste Schnürstiefel; Frisur: kurzer Igelschnitt. Glatze mit Irokesen-Bürste, wild aufgerichtete Haare in grellen Farben; Drogen: vom Bier bis zum Heroin quer durch die Apotheke.

Rastas
Musik: jamaikanische Reggae-Musik (Bob Marley, Black Uhuru); Kleidung: gestrickte Wollhauben, meist in den Farben Rot, Grün, Gelb; Frisur: Dreadlocks – lange, zu faserigen Zöpfchen gezwirbelte Schmutzlocken, um die eine Bannmeile für Friseure gezogen ist; Droge: Gras in dicken Tüten-Joints.

Rockabilly-Fans
Musik: US-Rockabilly der 50er Jahre (Elvis Presley, Gene Vincent, Buddy Holly), neue Revival-Gruppen (Stray Cats, Pole Cats) und lebendige Altmeister (Dave Edmunds); Kleidung: weite, ein paar Nummern zu große 50er-Jahre-Jacketts und -Anzüge aus den USA, Bowling-Hemden, Petticoats, Keilhosen, zweifarbige Wildlederschuhe mit dicken Kreppsohlen, Ballerina-Schuhe oder Stöckelschuhe mit Pfennig-Absätzen; Frisur: mittellanger Schnitt mit angedeuteter Tolle, die in die Stirn hängt, Pferdeschwanz; Drogen: Alkohol, mäßig.

Skinheads
Musik: harter, aggressiver Punkrock, englische Oi-Musik; Kleidung: T-Shirts, Bomberjacken, breite Hosenträger, bis zur Wade hochgekrempelte Jeans, schwere Schnürstiefel; Frisur: Kahlschädel; Droge: Bier. Gewalttätig.

Teds
Musik: klassischer Rock'n'Roll nur von weißen Musikern; Kleidung: dreiviertellange, farbige Gehröcke mit dunklem Samtkragen, Schnürsenkelschlipse, gewaltige Kreppschuhe oder spitze Stiefeletten, Tätowierungen; Frisur: hoch aufgetürmte, von reichlich Pomade gestützte Tolle, Entenschwanz am Hinterkopf, lange Koteletten; Drogen: Bier und Bourbon. Teds neigen zur Spießigkeit und verehren kultisch die US-Südstaaten und deren „Rebellen"-Fahne.

In meinem Film bin ich der Star, in: Der Spiegel, Nr. 17/1982, S. 238.

Von Müslifreaks und Stadtindianern
Alternative Jugendliche: Da denken viele an Müsli-Freaks und Stadtindianer, Fahrrad-statt-Auto-Fahrer und Schafe-Züchter. Doch der Einfluß des alternativen Denkens reicht in der jungen Generation heute über diese Bilderbuch-Alternativen weit hinaus. Er stellt vieles an unserer traditionellen Lebensweise und an unseren herkömmlichen Lebenszielen in Frage und bedeutet daher auch eine aktuelle Herausforderung für Eltern und Erwachsene.
Resolute „Alternative" pfeifen nicht nur auf Tischsitten, sondern verachten auch Hamburger und Cola und stehen auf Bio-Müsli. Nun, es ist sicher gesünder, an Radieschen zu knabbern, statt Törtchen zu schlecken oder Schnitzel von Kälbern zu verzehren, die mit Östrogen [Hormon für besseres Wachstum] aufgepäppelt wurden.

Alternativ handeln, setzt voraus, daß man kritisch denkt und nicht gedankenlos alles mitmacht, was üblich ist. Junge Alternative stellen alle Konvention [gesellschaftlich anerkannte Normen und Sitten] in Frage oder setzen sie außer Kurs, um neue Verhaltensweisen erproben zu können, die sie für sinnvoller halten.
In vielem haben sie recht, so anormal manches in ihrem Tun anmuten mag. Konventionen sind nur noch leere Hülsen, wenn sie zu lange und gedankenlos praktiziert werden. Allerdings: soziales Leben ohne Hilfe von Konventionen ist kaum möglich.

Franz Pöggeler, Nicht nur für Müsli-Freaks; in: Leben und Erziehen, Das Eltern- und Familienmagazin, Arbeitsring für pädagogische Elternhilfe e.V. (Hrsg.), Aachen Juni 1985, S. 30.

Popper und Punker – zwei Extreme

Jugend heute: Die gestutzten Haare grün, türkis, karottenrot. Strähnen – lila oder grau. Grelles Make-up. Nadeln im Ohr, Rasierklingen am Hals. Und gelegentlich mischen sich sogar Hakenkreuzembleme zum Brutal-Look ...
In bewußt nachlässiger Aufmachung: Müllklamotten. Die vielen Löcher im Hemd, der Hose und der obligatorischen Lederjacke mit Hundeleinen, Reißverschlüssen und Sicherheitsnadeln verbunden. Die Beine durch Ketten aneinandergeschnürt: Nichts geht mehr ...
Jugend heute: Szenenwechsel. Die Haare immer frisch gewaschen. Möglichst luftgetrocknet der Schrägpony. Möhrenhose, V-Pullover und feine Collegeschuhe. Helle Socken, weißes Hemd. Vornehm die Krawatte und – unverkennbar: der exklusive Kaschmirschal. Die Popper sind kleine, äußerst elegante Erwachsene. Ihre Garderobe ist sehr gepflegt. Ein Gläschen Sekt hilft gegen den Streß in der Schule. Und bei einer Luxuszigarette plaudert man höhnisch über den Rest der Welt ...
Die Popper sind aus- und eingestiegen zugleich. Radikal nämlich und ein bißchen vorschnell in die ganz vornehme, elitäre Welt der Großen. Untereinander sind sie, wie die Punker, zum Verwechseln ähnlich. Uniformiert, wie von der Stange einer Konfektionsabteilung.
Popper und Punker sind aus ihrer Umwelt ausgestiegen. Sie bilden zwei Extreme der Jugendszene, durch Welten voneinander getrennt ...

Achim Barth, Was lange gärt ..., in: Rheinischer Merkur vom 6. 3. 1981.

Gegensätze anderer Art: Punks und Skins

Bisher haben wir einige Jugendgruppen kennengelernt, die zwar manchmal aggressiv aussehen, im Grunde aber doch friedlich sind. Anders bei den Skinheads. Bei ihnen tritt ein Engagement für neofaschistische Politikvorstellungen in den Vordergrund.* Und: Wer sich ihnen in den Weg stellt, wird „aufgemischt".

Die Skins sind die Skins. „Ich will doch nichts anderes", erzählt der Hamburger Skin-Führer Franz, „als ein einfacher SA-Mann sein, der sich auf der Straße prügeln darf."

Franz haßt Italiener und Franzosen, Türken sowieso und erst recht die
5 Juden.

Franz und seine Mannen lernen Nazi-Lieder. In Hamburg rotten sie sich zusammen, um Ausländer und auch linke Punks zu verprügeln. Querverbindungen bestehen zu Fußball-Fanklubs und zu den Neonazis der „Savage Army". Fest angeschlossen aber, beteuert der Führer, seien sie nirgendwo:
10 „Wir lassen uns doch nicht politisch mißbrauchen."

Die Punks sind die Punks. „Nie wieder Faschismus", hat sich Mix aus Lübeck auf seine ihn panzernde Lederjacke geschrieben, „wehret den Anfängen." Mix, 16, hat Löcher im Ohr, ein Mittelstreifen aus Haaren steht ihm zum Himmel, die Augen sind markiert wie bei Indianern.
15 Mix und Franz sind unverwechselbar. Punks lieben Chaos, Skins sind straff organisiert. Punks tolerieren Ausländer, viele Skins sind erklärtermaßen Rassisten. Aber es gibt Skins, die einmal Punks gewesen sind, und es gibt neben rechten Skins auch linke Skins – fließende Grenzen unter Jugendlichen, deren Herkunft ja auch nicht durch Welten getrennt ist.
20 Punk bedeutet im Englischen Mist, Quatsch und bezeichnet eine Protesthaltung. Vorbild für die Art ist eine Mitte der 70er Jahre in England entstandene Bewegung bewußt provozierender Jugendlicher, die sich aus Altkleidersammlungen bedienten, Haare grell färbten und schnelle, aggressive Musik hörten.
25 Skinheads tauchten Ende der sechziger Jahre in englischen Arbeitersiedlungen auf – junge Arbeitslose, die sich die Schädel rasierten und feste Arbeitsschuhe anzogen, Knobelbecher der Marke Dr. Martens, die heute 120 Mark kosten. Die Jeans haben sie aufgekrempelt, die Hosenträger heruntergelassen. Zur Uniform gehört eine graugrüne amerikanische Bomber-
30 jacke.

---

* Dazu ist in dieser Reihe erschienen: Matthias von Hellfeld, Neue Gefahr von Rechts? Neonazis und Rechtsextremisten in der Bundesrepublik Deutschland, 1985, 64 Seiten, Best.-Nr. 05325.

„Skinheads", erklärt ein Kahlkopf aus Hamburg, „ist eine Massenbewegung, da sind viele Rechte drin, aber auch Linke. Zu uns gehört Fußball, die Musik, teilweise auch Gewalt. Skins sind für faire Kämpfe, nicht so mit Steinen schmeißen. Wir machen das mit Stiefeln aus."

<small>Peter Seewald, Meine Ratte ist riesig, in: Der Spiegel, Nr. 28/1983, S. 65 ff.</small>

3.2 Jugendprotest: Warum und wie?

Eine Kommission des Deutschen Bundestages sollte 1982 herausfinden, welche Gründe für das Protestverhalten Jugendlicher ausschlaggebend seien und wie die Gesellschaft und die Politiker darauf reagieren könnten.
Nach vielen Gesprächen mit jungen Leuten kamen die Parlamentarier im wesentlichen zu folgenden Erkenntnissen:
- Für viele Jugendliche sei die Demokratie nicht die von ihnen akzeptierte Form des gesellschaftlichen Zusammenlebens geworden, sondern lediglich eine Form der Regulation des Lebens in der Bundesrepublik;
- die Parlamente (Bundestag, Landtage usw.) trügen die von den Jugendlichen empfundenen gesellschaftlichen Konflikte nicht aus, sie seien bürgerfern, verhinderten dringend notwendige Reformen und strebten ständig nach einer Harmonisierung von Streitigkeiten;
- die demokratischen Parteien seien in Wahrheit keineswegs demokratisch; und

- es gebe einen tiefgreifenden Unterschied in der Politik, nämlich zwischen der moralischen Bewertung eines Problems (z.B. der Staatsform eines anderen Landes) und dem tatsächlichen politischen Handeln (z.B. indem mit diesen Ländern rege Wirtschaftsbeziehungen bestünden, obwohl das politische System abgelehnt würde).

3.2.1 Der Protest der Minderheit – nur die Spitze des Eisbergs?

Die Mehrzahl der Jugendlichen fällt nicht auf, geht ihrer Arbeit nach, lernt – wie früher auch –, in der Schule oder in der Lehre. Sind also die „Auffälligen" nur kleine Minderheiten, die man übersehen könnte – höchstens hin und wieder lästige Zeitgenossen?

„Deutschland, Deutschland, alles ist vorbei!"
Dieser Schlachtruf der Berliner Hausbesetzer stammt aus der deutschen Punk-Musik, deren aggressive Rhythmen die Hintergrundmusik von vielen Demonstrationen bildeten. Doch diese Parole steht für mehr.
5 Sie ist Ausdruck eines Lebensgefühls ohne Zukunft, das sich in totaler Ablehnung von Gesellschaft und Staat niederschlägt, sich in „no future"- und „null-Bock"-Parolen äußert und zu den Ursachen der neuen Jugendrevolte gehört ...
Die Jugendbewegung, die 1981 durch Steinwürfe, Krawalle und Hausbeset-
10 zungen in das Bewußtsein der Öffentlichkeit trat, hat keine gemeinsame Ideologie, keine Konzepte und keine Organisation. Zusammengehalten wird sie von einem gemeinsamen Wunsch nach Selbstbestimmung und alternativen Lebensformen – eine Flucht aus der normalen Alltäglichkeit, die bei Älteren und Außenstehenden vielfach nur Assoziationen wie „Chaos",
15 „Anarchie" und „Chaotentum" auslöst ...
Wer sind diese Jugendlichen, deren Protestbewegung die Emotionen hochkochen läßt? Zahlenmäßig bilden sie eine Minderheit, denn die Mehrzahl des bundesdeutschen Nachwuchses revoltiert nicht. Diese „schweigende Mehrheit" geht ihren Weg zur Schule, Lehre, Universität und Beruf. Ange-
20 paßt?
Auf der anderen Seite dürfte die Zahl derer, die ihre aufbegehrenden Altersgenossen mit Sympathie beobachten, größer sein als gemeinhin vermutet. Die protestierende Minderheit ist vielleicht nur die Spitze eines Eisbergs, unter der sich Angst vor Arbeitslosigkeit und Zweifel an dem
25 Sinn des technologischen Fortschritts, an der Gesellschaft überhaupt verbergen.

Joseph Scheer, Jan Espert, Deutschland, Deutschland, alles ist vorbei, München 1982, S. 6.

Hausbesetzer: Ziele und Zielvorstellungen

Gewiß geht es Hausbesetzern oft auch um schiere materielle Wohnungsnot, aber die Besetzer sind nicht immer und nicht notwendig Obdachlose, die anders kein Dach über dem Kopf finden können, sondern – wie Erfahrungsberichte Beteiligter zeigen – Menschen, die sensibel [empfindlich] auf die zunehmende *Zerstörung und die wachsende Gesichtslosigkeit monoton „wegsanierter" alter Wohnviertel reagieren.* In einem der Berichte wird die Geschichte eines hundertjährigen Hauses erzählt und liebevoll ausgemalt. Nicht selten kommt es zu freundschaftlichen Kontakten zwischen Hausbesetzern und kleinen Leuten in der unmittelbaren Umgebung, die sich ohnmächtig jenem Modernisierungstrend ausgeliefert sahen und mit offener oder leiser Zustimmung dem Widerstandskampf der jungen Leute zusehen. So merkwürdig es klingen mag, wenn man an die gewaltsamen Aktionsformen jugendlicher Gruppen denkt, ihre Ziele haben etwas durchaus Konservatives [Althergebrachtes]. Die *„Instandsetzung" von Häusern,* die abgerissen werden sollten, um rentableren [gewinnbringenden] Zweckbauten Platz zu machen, ist ein Akt der konservativen Notwehr gegen die zerstörerischen Seiten des ökonomisch-technologischen Fortschritts.

Der Innenminister des Landes Nordrhein-Westfalen (Hrsg.), Zum Thema Jugend heute in Staat und Gesellschaft, Impressum 4/1982, Düsseldorf 1982, S. 21.

3.2.2 Passiver Protest durch Drogenkonsum?

Handelte es sich bei den bisher aufgezeigten Protestformen um aktiven Jugendprotest, so soll im folgenden auf den passiven Protest aufmerksam gemacht werden. Es gibt viele Jugendliche, die ihre Unzufriedenheit und ihre ungelösten Probleme durch „Aussteigen" aus dem gesellschaftlichen Leben und durch Einstieg in die Alkohol- und Drogenszene vergessen wollen. Die Zahl derer, die auf diese Art der Gesellschaft den Rücken kehren, ist sogar bei weitem größer als der Teil der Jugend, der durch aktiven Protest auf sich aufmerksam macht. Jedoch werden auf diese Art keinesfalls Probleme, seien es gesellschaftliche oder persönliche, gelöst, sondern im Gegenteil, durch Alkohol- und Drogenmißbrauch geraten Menschen in vielfältige Abhängigkeiten, aus denen sie alleine kaum wieder herausfinden können.

Gruppe als Flucht und Sucht

Drogenkonsum zum Beispiel beginnt immer in solchen Gruppen, und zwar dadurch, daß jemand aus der Gruppe eine „weiche" Droge, vor allem Haschisch, konsumiert [gebraucht] und die anderen durch die Schilderung seiner Erlebnisse neugierig macht. Bald entsteht ein Gruppendruck, der
5 denjenigen, der nicht mitmacht, zum Außenseiter werden läßt. Der Druck ist jedoch oft sehr subtil [kaum spürbar]; in der Regel braucht niemand zu befürchten, von der Gruppe ausgeschlossen zu werden. Aber diejenigen, die Drogen nehmen, fühlen sich den anderen überlegen, weil sie ihnen ein Erlebnis voraushaben, das sie selbst nicht näher beschreiben können. Eine
10 beliebte Selbstdarstellung desjenigen, der Drogen nimmt, ist die des „coolen" Typs, der scheinbar kühl und sachlich über allem steht und dem die Welt nichts anhaben kann. Er wirkt so als Vorbild, dem man gleichen möchte. Aus einer so beeinflußten Gruppendynamik wird man dann zwar nicht hinausgedrängt, aber man wird an die zweite Reihe verwiesen.

Hermann Giesecke, Wir wollen alles, und zwar subito, in: deutsche jugend, 29. Jg., Heft 6, Juni 1981, S. 256 ff.

Wie Drogensucht enden kann

Die jungen Leute lernten sich in Berlin während der Entziehungskur kennen, die sie gemeinsam abbrachen. Seither waren sie ein Paar. „Die Edda ist 'ne Frau, für die ich alles empfinde", gestand Wilfried L. dem Gericht ein. Ihre Anhänglichkeit an ihn war nicht ganz so groß. Als sie dem Heroin
5 verfiel, das weit mehr Geld erforderte, verließ sie ihn immer wieder einmal, um sich „Stoff" oder durch Prostitution das Geld dafür zu verschaffen. Vor Gericht meinte sie dazu: „Es war immer so ein Hin und Her zwischen meiner Sucht und meiner Liebe zu ihm."
Diese äußere Beschreibung wird keineswegs dem psychischen Elend ge-
10 recht, das in der Beziehung steckte. Davon zeugen eher die Selbstmordversuche der jungen Frau und zuletzt der Gedanke an den „goldenen Schuß", die tödliche Dosis. Vor der Ausführung bewahrte sie dann der Freund ...
Zur Geldbeschaffung durch Überfälle kam es, so sagte der Angeklagte, „weil ich nicht wollte, daß sie auf den Strich ging oder mich verließ".

Hans R. Queiser, Sucht trieb ein junges Paar zur Geiselnahme, in: Kölner Stadt-Anzeiger vom 8. 2. 1983, S. 16.

39 Milliarden DM für Schnaps
Diesen Betrag geben Bundesbürger derzeit für alkoholische Getränke pro Jahr aus. Wenn wir vom Alkoholmißbrauch durch Jugendliche sprechen, darf man von ihren Eltern nicht schweigen.
Warum junge Leute zur Flasche greifen, kann viele Gründe haben: Versagen der Familie, in der sich niemand etwas zu sagen hat; Schul- oder Berufsprobleme; Jugendarbeitslosigkeit; die Einstellung der Eltern zum Alkohol usw.
Angesichts dieses schwierigen Problems hört man ab und zu Stimmen, die ein gesetzliches Alkoholverbot – nicht nur für Jugendliche – fordern, oder doch zumindest für eine wesentliche Beschränkung des Zugangs zu alkoholischen Getränken eintreten.

Hier muß man sich fragen, ob das der richtige Weg wäre, wenn man bedenkt, daß es in Ländern, in denen man nicht so leicht an Alkohol herankommt, z.B. in Schweden, sehr viele Alkoholabhängige gibt – vielleicht sogar mehr als bei uns.

Jugendliche Suchtkranke

Junge Menschen sind in hohem Maße suchtgefährdet. Lebensphasen mit erhöhter Rollenunsicherheit, mit schwierigen Beziehungsablösungen (Eltern) und Beziehungsaufnahmen (Partner) sowie mit körperlichen Veränderungen (Pubertät und Adoleszenz [Jugendalter]) sind Einbruchstellen für
5 Suchtverhalten. Sucht und Drogenabhängigkeit ist hier zu verstehen als (untauglicher) Anpassungsversuch an die schmerzlich erlebte Realität oder als Selbstheilungsversuch bei psychischen Belastungen. Beides kann geschehen mit Hilfe von Mitteln, die auf das zentrale Nervensystem einwirken (Suchtsubstanzen als chemische Krücke).
10 Die Suchtgefährdung in Zahlen:
 – ca. 50000 junge Menschen gelten als opiatabhängig, überwiegend von Heroin;
 – ca. 20000 junge Menschen von rd. 800000 Cannabis-Konsumenten gelten als abhängig;
15 – ca. 150000 junge Menschen sind alkoholkrank;
 – ca. 80000 junge Menschen sind abhängig von sonstigen Suchtstoffen wie Halluzinogenen oder Medikamenten (z.B. Transquilizern, Appetitzüglern, Schlafmitteln).
Suchtverhalten schränkt zwangsläufig die Möglichkeiten menschlicher
20 Kommunikation ein. Menschliche Beziehungen werden durch Suchtmittel ersetzt und das im Sinne eines immer tiefer in die Abhängigkeit führenden Teufelskreises. Suchtverhalten hat nichts mit offensivem Protestverhalten zu tun, sondern ist Ausdruck tiefer Resignation und Flucht aus dem nichtbewältigten Dasein.

Matthias Wissmann/Rudolf Hauck (Hrsg.), Jugendprotest im demokratischen Staat, Bericht der Enquête-Kommission des Deutschen Bundestags, Stuttgart 1983, S. 373f.

3.3 Jugend und Politik: Vorstellungen über das politische System der Bundesrepublik Deutschland

Bisher wurde aufgezeigt, wie sich die Situation vieler Jugendlicher in der Bundesrepublik darstellt und wie diese vor allem von Erwachsenen eingeschätzt wird. Die Frage ist nun, wie sehen Jugendliche selbst ihre Situation und welche Vorstellungen haben sie über ihre Möglichkeiten, aktiv – z.B. in Parteien und Verbänden – ihre Ideen zu verwirklichen und vielleicht Mißstände aufzudecken oder sogar abschaffen zu helfen.

Wie steht es mit den jungen Leuten, die meinen, es hätte keinen Zweck, sich politisch zu engagieren – man könne sich ja doch nicht gegen Filz und Bürokratie durchsetzen.
Des weiteren wird von einer Parteiverdrossenheit gesprochen und von der Tatsache, Jugendliche fühlten sich von den etablierten Parteien nicht mehr vertreten. Ist das wirklich so? Und, wenn es so ist, wo liegen die Gründe für diese Entwicklung?
In den folgenden Texten wird deutlich, daß in den Augen vieler Jugendlicher ein Unterschied besteht zwischen der Zustimmung zum politischen System der Bundesrepublik und zu den dieses System vertretenden Parteien.

Demokratie ja, Berufspolitiker nein?
Drei von vier jugendlichen Arbeitnehmern sind stolz auf die Demokratie in der Bundesrepublik, aber nur 33 Prozent beziehen dieses Gefühl auch auf die Politiker. „Nicht wenige empfinden sogar Scham über die Vorgehensweise der Berufspolitiker", heißt es in einer Mitteilung der Universität Erlangen-Nürnberg zum Ergebnis einer empirischen Studie bei Lehrlingen in Norddeutschland, die Professor Henrik Kreuz ... Mitte 1980 durchgeführt hat. Der Studie zufolge kann die Distanz der jungen Arbeitnehmer zum aktuellen politischen Geschehen kaum dramatischer zum Ausdruck kommen. Nur gut die Hälfte der Lehrlinge hält eine der traditionellen Parteien für wählbar.

Lehrlinge schämen sich der Politiker, in: Süddeutsche Zeitung vom 11./12. 4. 1981, S. 12.

Parteien? Das sind doch die da oben!
Eine große Gruppe Jugendlicher hat überhaupt kein politisches Interesse und steht den Parteien gleichgültig gegenüber. Für dieses politische Desinteresse gibt es zwei Motive: Entweder sehen sie die Notwendigkeit für eine Beteiligung an der Politik nicht, da ihre persönliche Lage so gut ist und sie auch für die Zukunft keine Probleme erwarten. Oder sie meinen, „die da oben werden das schon machen" und „ich habe ja sowieso keine Ahnung" ...
Auf der anderern Seite existiert eine Gruppe politisch Interessierter, die sich aber von den Parteien fernhalten, denn Mitarbeit in einer Partei erfordert, daß man Farbe bekennt und sich auf eine gewisse Richtung festlegt. Das möchte nicht jeder. Vielleicht deshalb nicht, weil der eigene Standpunkt noch gar nicht klar fixiert ist, teilweise aber auch aus gesellschaftlichen Zwängen heraus: aus Angst vor Nachteilen in der Schule, oder einfach aus Furcht vor solchen Mitschülern, die sich oft genug zu Bemerkungen wie „alter Sozi" oder „rote Sau" hinreißen lassen.

Internationales Jahr der Jugend 1985

Der Jugendliche, der auf eine Partei zugeht, wird zunächst erschreckt sein über die Basisferne. Die etablierten Parteien erscheinen als riesige Machtapparate, in denen individuelles Engagement unerwünscht ist. Der einzelne hat sich der Parteidisziplin zu unterwerfen. Was in der „großen Politik" gemacht wird, bestimmt der Parteivorstand. Die einfachen Mitglieder kleben vor Ort Plakate und dürfen sich im Stadtrat um Straßen und öffentliche Toiletten streiten ...
Aus diesem Parteien-Bild resultiert ein Verlust an Glaubwürdigkeit bei den Jugendlichen. Man fühlt sich zu Stimmvieh degradiert [herabgestuft], das durch Stimmabgabe die Macht einzelner kleiner Cliquen verfestigt ...
Viele Jugendliche ziehen es vor, sich in außerparteilichen Organisationen zu engagieren, weil deren Struktur übersichtlicher ist und sie unmittelbar am Entscheidungsprozeß beteiligt sind.

Martin Schmitz, Parteien? Das sind doch die da oben! in: Rheinischer Merkur, Nr. 2/85, S. 39.

„Null Bock auf politisches Engagement"

Alle Arbeiterjugendverbände mußten feststellen: Je schlechter die wirtschaftliche und gesellschaftliche Situation des Arbeiterjugendlichen, desto geringer sein Interesse für politisches Engagement. Und die Lage der Arbeiterjugend ist so mies wie seit langem nicht.
Etwa eine Dreiviertelmillion Jugendliche unter 25 Jahren ist zur Zeit arbeitslos, die Mehrheit davon länger als ein Jahr. Etwa die Hälfte dieser Jugendlichen müssen ohne jegliche finanzielle Unterstützung des Staates auskommen.
Eine Berufsausbildung wird durch staatliche Hilfsmaßnahmen zwar bisher noch den meisten Arbeiterjugendlichen garantiert. Aber das bedeutet keineswegs eine gesicherte Existenz. Denn mindestens ein Drittel aller Auszubildenden findet nach dem Abschluß keine Stelle im erlernten Beruf. Arbeiterjugendliche sind von der Wirtschaftskrise härter betroffen als die meisten anderen Bevölkerungsschichten. Viele müssen schon im Alter von fünfzehn Jahren erkennen, daß diese Gesellschaft ihnen kaum Chancen bietet.
Die Reaktion der Arbeiterjugend ist eindeutig: Von politischen Versprechungen hält sie nichts, an Solidarität glaubt sie nicht, Parolen wie „Gemeinsam sind wir stark" will sie nicht hören. Einzelkämpfertum ist angesagt ...

Aktive politische Arbeit der Jugend hat der bürokratische Gewerkschaftsapparat oft schon im Keim erstickt. Erst die rapide sinkenden Mitgliederzahlen beim Nachwuchs rüttelten die Funktionäre auf. Nun suchen sie nach Jugend. Aber sie will nicht mehr ...
Ab und zu startet die DGB-Jugend zaghafte Versuche, an die arbeitslose Jugend heranzukommen. Im vergangenen Jahr bot sie Arbeitslosen „ganz unverbindlich" an, ein Wochenende im gewerkschaftseigenen Ferienheim zu verbringen, berichtet Ernst Söder. Ergebnis: Von 22 677 Arbeitslosen unter 20 Jahren in Dortmund meldeten sich zwei an.

Ruth Hänschen, Null Bock auf politisches Engagement, in: Vorwärts, Nr. 32, 3. 8. 1985, S. 8.

3.4 Politische Ziele verwirklichen

Die Mitarbeit von Jugendlichen in politischen Parteien ist die eine Möglichkeit, politische Ziele durchzusetzen. Mittlerweile gibt es darüber hinaus allerdings noch etliche – sowohl gesetzlich erlaubte als auch verbotene – Formen politischen Engagements. Die Palette von Arten aktiven Handelns außerhalb der politischen Parteien reicht vom Engagement in Selbsthilfegruppen und Bürgerinitiativen über Demonstrationen bis hin zu verbotenen, gewaltsamen Aktionen. Gerade im Zusammenhang mit Hausbesetzungen hat eine Zeitlang die Art, wie Jugendliche ihre politischen Ziele zu verwirklichen versuchten, die Öffentlichkeit beschäftigt. Denn innerhalb der Hausbesetzerszene kam es sowohl zu friedlichen Demonstrationen als auch zu gewaltsamen Auseinandersetzungen mit der Polizei, wenn es um die Räumung besetzter Häuser ging. Die Öffentlichkeit diskutiert nun immer häufiger die Frage, wo eigentlich die Grenze liegt zwischen gewaltsamen und friedlichen Aktionen zur Verwirklichung politischer Ziele.

Greenpeace und Amnesty International

Zur Durchsetzung politischer Interessen halten 45 Prozent der Jugendlichen in der Bundesrepublik genehmigte Demonstrationen für ein geeignetes Instrument. Das geht aus einer Studie von „Infratest-Sozialforschung" für das Bundesfamilienministerium hervor ...

Immerhin 15 Prozent der Befragten sehen es als sinnvoll an, Häuser und Fabriken zu besetzen, um Einfluß auf die Politik auszuüben. Lediglich drei Prozent der 15- bis 30jährigen halten es dagegen für richtig, sich an gewaltsamen Aktionen zu beteiligen ...

Die Beteiligung an Unterschriftenaktionen stufen 56 Prozent aller Befragten als politisch wirkungsvoll ein ...

Die Teilnahme an Wahlen wird von den 15- bis 30jährigen mit 81 Prozent weitgehend akzeptiert ...

Sehr große Zustimmung als politisches Instrument findet bei den Jugendlichen mit 69 Prozent auch die Beteiligung an Bürgerinitiativen und Selbsthilfegruppen. Die Mitarbeit „in der Gewerkschaft, in Betriebs- und Personalräten" bringt es auf 67 Prozent, die Möglichkeit „in eine Partei eintreten" auf 57 Prozent und „über persönliche Kontakte und Beziehungen Einfluß nehmen", halten 38 Prozent für sinnvoll ...

Untersucht haben die Meinungsforscher auch die organisatorischen Bindungen und die Sympathien oder Antipathien gegenüber verschiedenen Gruppen. Jeder zehnte junge Mensch ist in der Friedensbewegung (11 Prozent) und bei den Umweltschützern (10 Prozent) aktiv ...

Auf große Sympathien stoßen in der jungen Generation Bürgerinitiativen (67 Prozent), Selbsthilfegruppen (66) und Amnesty International (66) ...
Alle anderen Gruppen und Organisationen bringen es auf eine sehr viel niedrigere, kaum mehr meßbare Beteiligung (null bis ein Prozent). Das gilt für die Jugendorganisationen der Bundestagsparteien genauso wie für die modischen Punks, Popper oder Rocker. Jeweils rund die Hälfte der jungen Leute lehnt Rocker, Punks und Popper sogar entschieden ab. Eine genauso große Ablehnung (51 Prozent) trifft auch die Hausbesetzer. 46 Prozent der Befragten sind gegen die „neuen Jugendreligionen" und 42 Prozent gegen „nationalistisch eingestellte Gruppen".

Gerda Strack, Jugend glaubt an das politische Gewicht von Demonstrationen, in: Frankfurter Rundschau vom 15. 3. 1984.

Steine gegen demokratische Mehrheitsentscheidungen?
An den Rändern des politischen Spektrums, dort, wo es undogmatisch [nicht bedingungslos an Prinzipien festhaltend] und autonom [unabhängig] ist, grün angehaucht oder beeindruckt von der Hausbesetzerszene, breiten sich seit einigen Monaten Tendenzen aus, die die Anwendung von Gewalt in der Politik nicht nur nicht mehr ausschließen, sondern auch verteidigen oder gar befürworten. Längst verschwimmt dort die Unterscheidung von

„Gewalt gegen Sachen" von der gegen Personen. Wohl schrecken die meisten in solchen Gruppen davor zurück, gewaltgeneigten Worten Taten folgen zu lassen ...

Günther Bannas, Verlassen wir endlich das Recht, in: Frankfurter Allgemeine Zeitung vom 15. 3. 1982.

Aus Hausbesetzer werden Hausbesitzer
Die Bewegung ist tot. Letzte Woche wurde sie zu Grabe getragen; damit ist Berlin-West zum erstenmal seit fünfeinhalb Jahren wieder eine hausbesetzerfreie Zone. Mit Bewohnern des letzten von einst 169 besetzten Häusern in der Mansteinstraße 10/10a im Stadtteil Schöneberg wurde ein Pachtver-
5 trag vereinbart. Das vorletzte besetzte Haus war in der Reichenberger Straße 63a einige Wochen zuvor polizeilich geräumt worden ...
Das war's dann also. War's das? Was bleibt denn nun neben den Verträgen, die aus Besetzern Besitzer gemacht haben? Was hat sich mit und durch die Hausbesetzer geändert im politischen und sozialen Gefüge der Stadt?
10 Bei den letzten Wahlen zum Abgeordnetenhaus, im Frühjahr 1981, waren sie die willkommenen und effektiven Wahlhelfer der oppositionellen Christdemokraten. Kaum ein Tag verging damals, an dem nicht mindestens ein leerstehendes Haus besetzt wurde; kaum eine Woche, in der nicht Scharmützel zwischen Polizei und Besetzern für zerbrochene Schaufenster-
15 scheiben, blutige Köpfe und blutrünstige Schlagzeilen der Springer-Presse sorgten ...

Jene Besetzer etwa, die nach monatelangem Feilschen mit Wohnungsbaugesellschaften und Senatsstellen endlich zu ihren Verträgen kamen, haben gelernt, wie man sich in Verhandlungen gegen anonyme Machtapparate durchsetzen kann. Die anderen, denen man nach vielen Winkelzügen dann doch ihre „Hütten" wegnahm, sind dafür in Zynismus und Resignation getrieben worden – oder in eine Radikalität, die sich bei der nächsten Bewegung in Berlin noch böse rächen kann.

Die vielen alternativen Projekte, die es schon vor den Hausbesetzern gab, haben nicht nur Verstärkung durch Kneipen, Cafés, Werkstätten, Kulturzentren erfahren, die in den legalisierten Besetzer-Burgen entstanden. Ob es ohne die Besetzer und ihren Druck auf der Straße jemals zu einer Förderung alternativer Projekte aus Senatsmitteln gekommen wäre, ist sehr fraglich. Ehemals besetzte Häuser werden heute mit öffentlichen Geldern instandgesetzt. Besetzer und Sympathisanten haben staatlich anerkannte Sanierungsträger gegründet. Einzelne kulturelle Projekte sind Vorzeigeobjekte geworden, mit denen sich der Senat heute bei jeder sich bietenden Gelegenheit rühmt: Berlin als die tolerante, weltoffene Stadt, die sogar Hausbesetzer zu integrieren [einbinden] weiß.

Das Bild hat natürlich viele Schönheitsfehler. Es sind auch viele auf der Strecke geblieben. Arbeitslose Jugendliche sind aus ihren Häusern von der Polizei vertrieben worden – fortan kümmerte sich niemand mehr um sie. Wie viele davon heute an der Flasche oder der Spritze hängen, kann man nur ahnen. Andere sitzen noch im Gefängnis und laufen nun, als Folge ihrer Hausbesetzerzeit, mit einer Vorstrafe für ihr weiteres Leben herum. Insgesamt 2500 Ermittlungsverfahren gegen 5300 Hausbesetzer hat es gegeben, von 10000 kriminellen Delikten war zwischendurch die Rede. Zu Anklagen oder Strafbefehlen hat es in 205 Verfahren, gegen 714 Personen, gereicht – verurteilt wurden davon 288 ...

Der Traum von einer schönen heilen Welt inmitten der Großstadt war damit zerstört. Die meisten in der Besetzerszene haben gelernt, daß mit brennenden Barrikaden und eingeschmissenen Schaufenstern kein anderer Staat zu machen ist. Hoffentlich haben auch viele Politiker etwas gelernt: daß man bestimmte Entwicklungen nicht so weit treiben lassen darf, wenn man nicht die Gewalt auf den Straßen provozieren will.

Klaus Pokatzky, So wie früher wird es nie wieder, in: Die Zeit, Nr. 47, 16. 11. 1984.

4. Familie und Schule – nur Leistungsdruck und Unverständnis?

Es ist die Aufgabe von Familie und Schule, das Kind bzw. den Jugendlichen auf das Leben innerhalb der Gesellschaft vorzubereiten. In den ersten Lebensjahren des Kindes fällt der Familie diese Aufgabe alleine zu. Mit der Zeit kommen jedoch eine Reihe anderer gesellschaftlicher Gruppen und Institutionen hinzu, in denen der Jugendliche Erfahrungen im Umgang mit anderen machen kann, auf diese Weise wächst er in das gesellschaftliche Leben hinein.

Bei manchen Jugendlichen geht dies nicht ohne Probleme vonstatten; zu verschieden sind oft die Vorstellungen, die die Jugendlichen einerseits und die Generation der Eltern andererseits vom „richtigen Weg" haben. Dies liegt nicht einfach am mangelnden Verständnis der Älteren für die Jüngeren oder an der fehlenden Bereitschaft der Jüngeren, auf den Rat der Älteren zu hören. Vielmehr verändern sich die Vorstellungen über die Erziehung im Laufe der Jahre; Verhaltensweisen, Wertvorstellungen, Sitten und Gebräuche stehen nicht ein für allemal fest. Vergleicht man einmal die heute üblichen Umgangsformen – z. B. in der Familie oder in der Schule – mit denen von vor etwa 80–100 Jahren, also um die Jahrhundertwende, so ist es nicht schwer, jeweils ganz unterschiedliche Verhaltensweisen aufzuzählen.

Diese Unterschiede entstanden nicht von heute auf morgen, sondern ganz langsam; mit anderen Worten, von einer Generation zur anderen. So ist es auch zu erklären, daß es zwischen der älteren und der jüngeren Generation Probleme immer gab und voraussichtlich immer geben wird.

4.1 Jugendliche in ihrer Familie

Gerade in der Familie werden häufig schwere Konflikte zwischen Eltern und Kindern ausgetragen. Eltern begreifen oft nicht das Verhalten ihrer Söhne und Töchter, und die Kinder fühlen sich umgekehrt von den Eltern nicht verstanden. Doch schon immer hat sich die Elterngeneration kopfschüttelnd über „die Jugend von heute" gewundert, ohne dabei daran zu denken, daß ihre Eltern oft ähnlich ratlos waren.

Trotzdem erschüttern uns häufig Berichte von Kindern oder Jugendlichen, die von zu Hause weglaufen, die tätlich gegen ihre Eltern vorgehen oder die resigniert dem Alkohol oder der Drogenszene zum Opfer fallen. Daneben sollte aber nicht vergessen werden, daß es natürlich auch die vielen Kinder und Jugendlichen gibt, die ein gutes Verhältnis zu ihren Eltern haben; nur von diesen Familien wird eben selten berichtet.

Eltern sind das Vorbild
Die Jugend von heute hat die Wände ihrer Zimmer mit Postern von Musik-, Film- und Fernsehstars zugeklebt, doch ihre Vorbilder für das Leben sind die Eltern. Das ergab eine am Sonntag veröffentlichte Umfrage des Bielefelder Emnid-Instituts. Bei der Befragung eines repräsentativen Querschnitts von 510 männlichen und 491 weiblichen Jugendlichen nannten 39 Prozent die Mutter und 33 Prozent den Vater als Vorbild für Denken und Handeln. Entscheidend für die Wahl zum Vorbild ist, wie sich herausstellte, nicht die Tatsache, berühmt und reich zu sein und im Rampenlicht der Öffentlichkeit zu stehen. 52 Prozent der Jugendlichen nannten einen starken Charakter und Glaubwürdigkeit als ausschlaggebend. An dritter Stelle nach den Eltern rangieren mit 18 Prozent der Antworten Freunde und Bekannte. Platz vier nehmen Sportler ein, und an fünfter Stelle folgen Menschen, die sich im sozialen, karitativen oder kirchlichen Bereich engagieren. Erst danach kommen Sänger und Musiker, Film- und Fernsehstars, Lehrer oder Verwandte. Besonders niederschmetternd ist das Ergebnis für Politiker: Sie landen mit zwei Prozent der Antworten unter elf vorgegebenen Möglichkeiten an letzter Stelle als Vorbilder.

Badische Zeitung vom 4. 3. 1985.

Wenn die Familie „eine emotionale Hölle" ist – gestörte Jugend
In der Sprache spiegelte sich, wie die Erwachsenen die Heranwachsenden sahen. Als „Flegeljahre" vom lateinischen Wort für Geißel und Dreschgerät abgeleitet, beschrieb 1778 der deutsche Aufklärer Johann Hermes „die Übergangszeit, in der sich Halbwüchsige formlos benehmen". Über das flegelhafte Betragen von „Lümmeln" und „Rabauken" empörten sich spätere Generationen.
„Rowdys" verschreckten zu Beginn dieses Jahrhunderts. „Halbstarke" in den fünfziger Jahren ihre gutbürgerlichen Erzeuger. In der Studentenbewegung der späten 60er Jahre spitzte sich zu, was gut ein halbes Jahrhundert zuvor die Jugendbewegung in Gang gesetzt hatte – die damals proklamierte [verkündete, geforderte] Abkoppelung von überholter Autorität mündete in handfeste Gewalt: Macht kaputt, was euch kaputtmacht ...
Daß Kinder und Jugendliche den Aufstand wagen, ist keineswegs ein Phänomen der modernen Zeit. Auch in der vermeintlich heilen Großfamilie wiesen die Jungen den Alten die Zähne. In einer Untersuchung über typisches „Leben auf dem Dorf", so der Titel, zeigten die Soziologen Albert Ilien und Utz Jeggle, wie die Nachkommen ihren entmachteten Eltern auf dem Altenteil oft übel mitspielten: Mit Schlägen und Fußtritten rächten sie sich für jahrelange ökonomische [wirtschaftliche] Abhängigkeit und Knechtschaft.

Ganz anders die Motive, geradezu auf den Kopf gestellt die Machtverhältnisse, wenn in der modernen, städtischen Kleinfamilie die Jungen ausflippen und den Alten vors Schienbein treten ...
Sind es wirklich einfach jugendliche Ungeheuer, die aus purem Übermut, wie es scheint, drauflosdreschen? ...
Für Thea Schönfelder, die Hamburger Jugendpsychiaterin, gibt es „kein Kaputtmachen aus bloßem Kräfteüberschuß, aus bloßer Freude". Noch nie hat die Wissenschaftlerin ein aggressives Kind erlebt, das nicht selber kaputt gewesen wäre. „Zerstörerische Kinder sind immer zerstörte Kinder."
Aus Schilderungen von Jugendlichen, die Mutter oder Vater umgebracht haben, kennt die Gerichtsgutachterin das Innenleben der betroffenen Familien: „Oft eine emotionale [gefühlsmäßige] Hölle, in der nur äußerlich gelebt wurde, durch die Abspaltung jedweden Gefühls." Der banale [eher unbedeutende] Anlaß für die scheinbar motivlose Tat, etwa eine Mahnung des Vaters, ist „sozusagen der letzte Tropfen, der das Faß zum Überlaufen bringt". Plötzlich steht der Junge mit dem Messer da, und hinterher sagt er: „Ich weiß nicht, wie ich es gemacht habe, ich hab' nur zugestoßen, zugestoßen."
Ob Mord und Totschlag in der Familie oder nur blaue Flecken und Beulen – um an die Wurzeln der Aggression zu gelangen, muß oft ein ganzes Bündel von Beweggründen und Bedingungen entwirrt werden. Und immer wieder stellt sich heraus: Das aggressive Kind ist nur „Symptomträger [Träger von Merkmalen] eines kranken Gesamtsystems Familie" (Schönfelder).
Ein Beispiel liefert der Fall des 17jährigen Berliners Bernd. Der verwöhnte Junge reicher Eltern, der Frust und Depressionen [Niedergeschlagenheit] gelegentlich mit Drogen überdeckte und nach einem Motorradunfall einen Selbstmordversuch unternahm, analysierte seine Aggressivität selbst. Sie sei Folge der Verzweiflung darüber, daß seine Eltern ihn niemals verstanden hätten. Was haben wir da für ein Ungeheuer? In: Spiegel Nr. 29/1983, S. 56.

4.2 Die Schule – nichts als Leistungsdruck?

Die Anforderungen, die sowohl von den Eltern als auch von der Schule an junge Menschen gestellt werden, empfinden die Jugendlichen nicht selten als Leistungsdruck, weil sie meinen, den Erwartungen kaum oder nur schlecht gerecht werden zu können. Es beginnt oft damit, daß Eltern bestimmte Leistungen von ihren Kindern verlangen und mit Strafen reagieren, wenn diese Leistungen nicht erbracht werden. Daß dieser Druck meistens mit guten Absichten verbunden ist („unser Kind soll es einmal besser haben"), hilft nicht, die Probleme der betroffenen Jugendlichen zu lösen.

Viele fühlen sich unverstanden und versuchen sich auf unterschiedlichste Weise diesem Druck zu entziehen. Manche sagen, es sei gut, wenn jeder zu den Besten gehören wolle, weil damit die Leistung gefördert würde. Andere hingegen warnen davor, denn nicht jeder könne der Beste sein: Sie fordern weniger Leistungsdruck in der Schule.*

Die Not mit den Noten
Frank fühlt sich als „Niete". Seine Mißerfolge in Mathematik nehmen ihm sogar den Spaß an seinen Lieblingsfächern Deutsch und Kunst. Morgens vor der Schule kriegt er kaum einen Bissen runter. Vor Aufregung hat er oft Durchfall ...
Zensuren können Kindern das Leben zur Hölle machen, wenn sie sich in der Schule abgewertet und nicht verstanden fühlen. An Zensuren können Kinder zerbrechen, wenn sie erleben, daß ihre Eltern Zuwendung und Zärtlichkeit von den Noten abhängig machen ...
Eltern wollen nur das Beste für ihr Kind. Sie fühlen sich verantwortlich für seine Zukunft, und aus Liebe und Fürsorge trimmen sie es von früh an auf Erfolg – auf gute Zensuren ...
Jedoch: Viele Eltern blicken zu sehr auf die Zukunft und übersehen, was hier und heute mit ihrem Kind los ist. Anders läßt es sich nicht erklären, daß zwei Drittel der befragten Eltern glauben, ihr Kind gehe „gern zur Schule", während die Kinder selbst zu 79 Prozent sagen, daß sie „nicht gern" die Schule besuchen.

Uta König, Marlies Prigge ‚Die Not mit den Noten', in: Stern, Nr. 7/1985, S. 28 ff.

Pillen für die Penne
Von Baldrian bis Valium, von Vitamin C bis Captagon – unsere Schulkinder schlucken, scheint es, was das Zeug hält. Appetitzügler und Aufputschmittel, Schmerzmittel und Tranquilizer [„Beruhiger"] – als wären es viele bunte „Smarties". Bereits ein Drittel aller Schulkinder, so kürzlich der Deutsche Kinderschutzbund, nehmen regelmäßig Medikamente zur Leistungssteigerung und gegen Prüfungsangst ...
Um die Spirale des Medikamentenverbrauchs zu stoppen, die sich bis zum Abitur munter weiter drehen könnte, wurden die Drogenberatungslehrer bereits im Frühjahr '82 in dieser Frage von einem Kinderarzt speziell geschult. Sie sind von der Schulaufsicht gehalten, auf Elternabenden dieses heikle Thema immer wieder vorzubringen und, besonders in den Grundschulen, auf die Gefahren der Gewöhnung, auch auf Begleiterscheinungen

---

* Dazu ist in dieser Reihe erschienen: Karin Schröer, Schule – Chance oder Schicksal?, 1985, 64 Seiten, Best.-Nr. 05321.

solcher Medikamenteneinnahme hinzuweisen. Denn: Ein Aufputschmittel mag einen abgeschlafften Schüler der 12. Klasse zwar für die Klassenarbeit munter machen – es vermindert aber gleichzeitig die Konzentrationsfähigkeit.
In welchem Umfang Psychopharmaka [Medikamente mit Wirkung auf die Psyche] verschrieben und angewendet werden, liegt im dunkeln ...
Falscher Ehrgeiz und die Fixierung auf den schulischen Leistungsbegriff dürften wohl zu den Hauptursachen für den voreiligen Medikamentengebrauch zählen.
„Wir haben alles versucht, sogar zum Arzt haben wir ihn geschickt, damit er in der Schule mitkommt." Mit diesem Satz wollte eine Mutter dem Drogenberater ihre Verzweiflung über das „Versagen" ihres Sohnes vermitteln. Die Beratungsstellen werden allerdings erst dann beansprucht, wenn die Eltern mit ihrem Tabletten-Latein am Ende sind.

<small>Ulrike Füssel, Friederike Tinnappel, Pillen für die Penne, in: Frankfurter Rundschau vom 30. 1. 1984.</small>

5. Was bedeutet die Jugend für die Gesellschaft?

5.1 Kanonenfutter – vollkommen sinnlos

Vom August 1914 bis zum November 1918 tobte in Europa der Erste Weltkrieg*. Häufig kam es zu „Stellungskämpfen", bei denen die Soldaten der feindlichen Armeen in Gräben hockten, oft konnten sie tagelang nicht heraus, weil sie ständig mit Granaten und Gasbomben beschossen wurden.
Die junge Generation stand dem Krieg weitgehend positiv gegenüber – viele von ihnen meldeten sich „freiwillig". Und es gab regelrechte „Jugendregimenter". Jahrelang hatten sie von ihren Lehrern und Eltern gehört, daß Deutschland von Feinden bedroht sei, daß man Deutschland einen angemessenen Platz in den Reihen der „Weltmächte" verweigern würde, und daß man nun dagegen kämpfen wolle.
Erich M. Remarque erlebte den Ersten Weltkrieg mit und schrieb anschließend den weltberühmt gewordenen Roman „Im Westen nichts Neues".
Dieses Buch wurde in der Weimarer Republik (1918–1933) viel gelesen, die meisten Jugendlichen empfanden danach Abscheu und Ekel vor Krieg und Gewalt. Und dennoch, die vielen Tausend im Ersten

---

* Dazu ist in dieser Reihe erschienen: Jürgen Feick, Matthias von Hellfeld, Frieden, 1984, 99 Seiten, Best.-Nr. 05324.

Weltkrieg gefallenen jungen Leute verhinderten nicht, daß nur einige Jahre später Jugendliche schon wieder als „Kanonenfutter" gebraucht wurden.
Die Nationalsozialisten, die am 30. Januar 1933 die Regierungsgewalt in Deutschland erlangten, setzten alles daran, in staatlich gelenkten Jugendorganisationen alle Jungen und Mädchen auf einen kommenden Krieg vorzubereiten. In der Hitler-Jugend und im Bund Deutscher Mädel wurden sie in dem Glauben erzogen, daß nichts schöner sei als der „Heldentod" für das Vaterland. Ihre Erzieher waren teilweise jene Männer und Frauen, die den Ersten Weltkrieg mit all seinen furchtbaren Auswirkungen noch miterlebt hatten. Eigentlich müßte man denken, daß gerade diese Generation sich nicht mehr dafür hergegeben hätte, Menschen zum „Heldentod" zu erziehen.

Die Namen von im Ersten Weltkrieg (1914–1918) gefallenen Studenten

Jungzug zum Ausflug angetreten, Sommer 1939

Jugend im Griff der Nationalsozialisten

Eine Aufforderung, der Hitlerjugend, d. h. der nationalsozialistischen Jugendorganisation beizutreten:

Hitlerjugend   Wiesbaden, den 3. Mai 1934
Bann 80 Wiesbaden

Zum letztenmal wird zum Appell geblasen!
Die Hitlerjugend tritt heute mit der Frage an Dich heran: Warum stehst Du noch außerhalb der Reihen der Hitlerjugend? Wir nehmen doch an, daß Du Dich zu unserem Führer Adolf Hitler bekennst. Dies kannst Du jedoch nur, wenn Du Dich gleichzeitig zu der von ihm geschaffenen Hitlerjugend bekennst. Es ist nun an Dich eine Vertrauensfrage: Bist Du für den Führer und somit für die Hitlerjugend, dann unterschreibe die anliegende Aufnahmeerklärung. Bist Du aber nicht gewillt, der HJ beizutreten, dann schreibe uns dies auf der anliegenden Erklärung ... Wir richten heute einen letzten Appell an Dich. Tue als junger Deutscher Deine Pflicht und reihe Dich bis zum 31. Mai d. J. ein bei der jungen Garde des Führers.

Heil Hitler!
Der Führer des Bannes 80.

Erklärung
Unterzeichneter erklärt hierdurch, daß er nicht gewillt ist, in die Hitlerjugend (Staatsjugend) einzutreten, und zwar aus folgenden Gründen:

. . . .

Unterschrift des   Unterschrift des
Vaters: . . . .   Jungen: . . . .
Beruf: . . . .   Beruf: . . . .
Beschäftigt bei: . . .   Beschäftigt bei: . . .

Quelle: Matthias von Hellfeld/Arno Klönne, Die betrogene Generation, Köln 1985, S. 106f.

Erziehung zum Heldentod
Körperliche Ertüchtigung, quasi-militärische Ordnungsübungen, Marsch und Lager sowie Wehrertüchtigung machten zusammen mit der weltanschaulichen Schulung den eigentlichen Dienstinhalt der HJ- und DJ-Arbeit [Hitler-Jugend, Deutsches Jungvolk] aus; hinzu kamen die verschiedenartigsten Einsätze dieser Einheiten, wie etwa Sammlungen, die Teilnahme von HJ-Einheiten an Propaganda-Veranstaltungen der Partei, der Ernteeinsatz, der Einsatz von BDM-Mädchen [Bund Deutscher Mädel] in der Sozialarbeit und schließlich die vielfältigen Aktivitäten im Kriegshilfsdienst ...
Zuerst zu nennen ist die Erziehung zum Aktivismus, die ständige Inanspruchnahme des jugendlichen Betätigungsdranges, die von der HJ gepflegt wurde. Ein führender HJ-Publizist schrieb: „Eine Jugend, die aktivistisch erzogen ist, kann gar nicht anders, als in den Krieg einzutreten mit der unstillbaren Begierde, möglichst viele Aufgaben übertragen zu bekommen" – eine Äußerung, die darauf hinweist, daß die Erziehung zum Aktivismus ihre Zielsituation gerade im Krieg fand.
Hand in Hand mit dieser Erziehung zum Aktivismus [ständiger Einsatz] gingen die Erziehung zum „Kämpferischen" und der Ansporn zur „Leistung". Man kann annehmen, daß der Appell an „Aktivismus" und „kämpferische Haltung" geeignet schien, die tatsächliche Starre des NS- und HJ-Systems durch vordergründige Befriedigung jugendlicher Bedürfnisse nach Dynamik zu kaschieren [verdecken] ...
Mit Kriegsbeginn kamen der HJ neue Funktionen [Aufgaben] zu, für die sie vermöge ihrer nunmehr endgültigen Struktur [innerer Aufbau] gerüstet war, u. a.: Partei-Einsätze (Kurier-, Wach-, Propaganda-Dienst); Einsatz für Staat und Kommunen (Meldedienst, Luftschutz, Feuerwehrdienst); sogenannte Technische Nothilfe; Hilfsdienst bei der Post, der Bahn; Einsatz bei der Wehrmacht (Kurier- und Verladedienst, Verpflegungsausgabe, Telephondienst u. a. m.); Einsatz in Wirtschaftsbereichen und Arbeitskommandos; Sammlungen von Altmaterial, Kleidungsstücken u. ä.; Land- und Ernteeinsatz, NSV-Dienst [Nationalsozialistische Volkswohlfahrt] und „kulturelle Betreuung". Ein großer Teil dieser Einsätze wurde von Mädchen geleistet ...
Einen bevorzugten Platz innerhalb der HJ-Tätigkeit während des Krieges nahm die Wehrertüchtigung ein. Besondere Vereinbarungen regelten die Nachwuchsausbildung und -lenkung der HJ für die Wehrmachtsteile; 1942 wurde die Wehrertüchtigung durch die Einrichtung obligatorischer [für alle vorgeschrieben] Wochenkurse für die älteren Jahrgänge der HJ ausgebaut. Die Schüler wurden klassenweise in derartige Lager eingewiesen, berufstä-

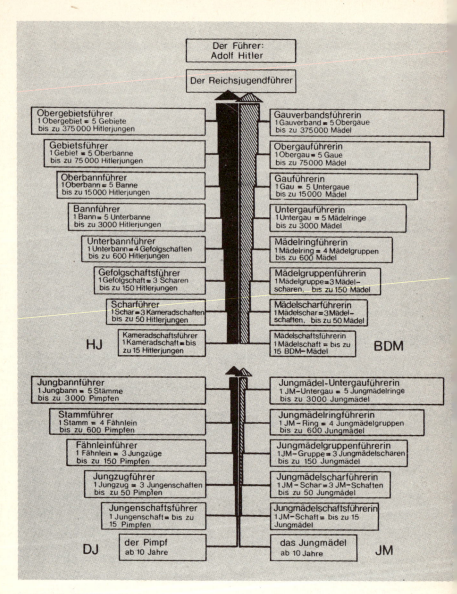

Zeitlupe, Nr. 13/1985, S. 7

tige Jugendliche hatten sie während ihres Urlaubs zu absolvieren, ein eigener „K-Ausbildungsschein" wurde als Abschlußnachweis eingeführt und die Wehrertüchtigung in die Bedingungen des HJ-Leistungsabzeichens eingebaut.
Die Kriegsjahre zeigten eine außerordentlich zwiespältige Entwicklung der HJ. Auf der einen Seite wurde der Kriegseinsatz der HJ in allen seinen Formen intensiviert und erweitert (Wehrertüchtigung, Osteinsatz von HJ und BDM, Luftschutzdienst, Aufstellung von HJ-Luftwaffen- und Marinehelfereinheiten); in der Schlußphase des Krieges wurden Hitlerjungen schließlich in Frontnähe zum Schanzeinsatz und als „Drittes Aufgebot" des sogenannten Volkssturms zum Teil direkt in Kampfhandlungen eingesetzt.

Matthias von Hellfeld/Arno Klönne, Die betrogene Generation, Köln 1985, S. 189ff.

5.2 Kinder- und Jugendarbeit

Von der Schulbank in die Werkstatt
Junge Menschen wurden aber nicht nur in Kriegszeiten von der Gesellschaft gebraucht. So mußten im letzten Jahrhundert Kinder im Alter von 10 Jahren schwere Arbeit verrichten. Oft unter Tage im Bergbau, weil sie noch nicht ausgewachsen waren und deshalb auch in niedrigen Stollen arbeiten konnten. Sie waren billige Arbeitskräfte für schwere Arbeit, die von Erwachsenen nicht gemacht werden konnte.
Auch in der Weimarer Republik (1918–1933) hatten Lehrlinge und jugendliche Arbeiter Arbeitsbedingungen zu ertragen, die mit den heutigen nicht zu vergleichen sind.
Heute gibt es einen weitgehenden Schutz für junge Arbeitnehmer bzw. Auszubildende. Doch es gibt auch Stimmen, die diesen Schutz für Jugendliche wieder abbauen wollen.

1919: 10 Pfennig Mindestlohn im ersten Lehrjahr
Der folgende Text stammt aus einem Heft der Freien Gewerkschaftsjugend vom Februar 1929:

Der tarifmäßige Mindestlohn für einen Lehrling in der Metallindustrie betrug (1919) im ersten Lehrjahr 10 Pfennig, im zweiten 20, im dritten 30 und im vierten 60 Pfennig pro Stunde. In dem gleichen Zeitraum erhielt eine Arbeiterin über 20 Jahre 90 Pfennig pro Stunde, ein Hilfsarbeiter über 25 Jahre 1,30 Mark und ein gelernter Arbeiter 1,90 Mark. In dem Jahr nach dem Kriege stiegen die Löhne rasch an. Mitte 1920 wurde etwas mehr als das Doppelte gezahlt. Dies entsprach jedoch nicht einem realen Zuwachs, da die inflationäre [geldentwertende] Entwicklung voranschritt. Von April 1919 bis Januar 1922 verteuerten sich die Lebenshaltungskosten um das Vierfache ...

Mit dem vierzehnten Lebensjahr, in der Zeit, wo das wichtigste und entscheidendste Stadium der Entwicklung des jungen Menschen beginnt, wo er noch nicht annähernd seine geistige und körperliche Reife erlangt hat, verläßt er die Schule und tritt ins Wirtschafts- und Erwerbsleben ein. Über Nacht ist er also aus der Schule in den Betrieb gesetzt worden. Das Fabriktor hat sich hinter ihm geschlossen. Eine neue Welt ersteht, die er verständnislos anstaunt. Jetzt ist es vorbei mit der allgemeinen, geistigen und körperlichen Entwicklung. Der Lehrer spielt nicht mehr die Hauptrolle in seinem Leben. Die Zeit des Spiels und Lernens ist vorüber. Er wird nun mitten ins Wirtschaftsgetriebe gestellt, und der harte Kampf ums Dasein beginnt auch für die Jugend. Nun sitzen die Halbreifen von morgens früh bis abends spät in den Büros hinter Pulten oder stehen hinter Verkaufstischen und in den Werkstätten an Maschinen. In dieser rauhen Schule des Lebens gibt es keine Rücksichtnahme auf jugendliche Eigenarten und Bedürfnisse. Hier gilt auch der Junge nur als Arbeitskraft und muß sich auf dem Arbeitsmarkt anbieten und billig verkaufen. Mancher muß sogar noch etwas mitbringen.

Durch den Schritt des Jugendlichen von der Schule auf den Arbeitsmarkt tritt er in eine ganz neue, veränderte Lebenslage ein. Plötzlich sieht er sich erschwerten Lebensbedingungen gegenübergestellt. Die halbtägige Schularbeit ist zur ganztägigen Werkarbeit geworden. Seine jugendlichen und entwicklungsbedürftigen Kräfte werden nun in ganz anderer Art und erheblicher angespannt. In den meisten Fällen ist der Arbeitstag des Jugendlichen länger als der des Erwachsenen, muß er doch auch noch die Aufräumungs- und Reinigungsarbeiten leisten und bei Handwerksmeistern sehr oft auch noch Mädchen für alles machen. Ferner muß zur Arbeitszeit der Weg von der Wohnung zur Arbeitsstätte und der Rückweg noch hinzugerechnet werden. Wieviel Mußestunden bleiben dann noch dem jungen Menschen am Abend zur Befriedigung seiner persönlichen Wünsche und Bedürfnisse übrig? ...

Arbeitszeiten im Jahr 1925:
Von 6942 Befragten in zwei Großstädten war die durchschnittliche Arbeitszeit 10 Stunden 35 Minuten.
Bei 1974 Befragten in zwei Mittelstädten war die Arbeitszeit 9 Stunden 45 Minuten.
Bei 671 Befragten in zwei Kleinstädten war die durchschnittliche Arbeitszeit 9 Stunden und 5 Minuten.
Bei 735 Befragten in zwei Landgemeinden war die durchschnittliche Arbeitszeit 10 Stunden 40 Minuten.
Aus einer anderen Statistik von 91507 Befragten ersehen wir, daß 57640 = 63 Prozent 48 Stunden arbeiten mußten, die anderen mehr – bis zu 60 Stunden. Und wie ist es mit den Ferien? In dem letzten Schuljahr hatte der Schüler ungefähr 75 Tage Ferien. Und als Lehrling im ersten Jahre vielfach gar keine, günstigen Falles sieben Tage. Nur in wenigen Berufen und Einzelbetrieben ist die Ferienfrage für den Lehrling günstiger geregelt.

Arbeiterjugendbewegung in Frankfurt 1904–1945, Frankfurt 1978, S. 37f. [Verein für Frankfurter Arbeitergeschichte e.V.]

5.3 Problem heute: Jugendarbeitslosigkeit

Wenn man von der Arbeitswelt für junge Menschen spricht, darf man von der Jugendarbeitslosigkeit nicht schweigen. Seit einigen Jahren wird das Problem immer drückender: Trotz vieler neuer Lehrstellen bleiben jedes Jahr viele Tausend Jugendliche ohne Ausbildungsplatz. 1985 sind etwa 10% aller Jungen und Mädchen, die eine Lehrstelle suchten – das sind ungefähr 65000 – erfolglos geblieben. Und wenn sie doch eine gefunden haben, dann werden sie nach Beendigung der

Lehre oft nicht in ein normales Arbeitsverhältnis übernommen. Längerfristige Arbeitslosigkeit steht manchem Jugendlichen bevor.
Früher hat man immer gesagt, wer studiert hat, bekommt einen gut bezahlten und sicheren Arbeitsplatz. Heute stimmt das nicht mehr. Viele Lehrer sind arbeitslos, von manchen Studenten wird noch ein zweites Studium angefangen, um die „Wartezeit" bis zu einem möglichen Berufsbeginn zu überbrücken. Immer mehr Abiturienten drängen in Ausbildungsberufe hinein, die früher hauptsächlich von Haupt- und Realschülern angestrebt wurden.
Viele fragen, ob die deutsche Wirtschaft weniger Lehrlinge benötigt als Jugendliche vorhanden sind, die gerne arbeiten möchten, oder ob die Ausbildung zu teuer ist. Andere sagen, daß unser Wirtschaftssystem, das an möglichst hohen Gewinnen für den Unternehmer und an möglichst rationellen, d.h. automatisierter Herstellungsweise interessiert ist, Schuld an der Misere auf dem Arbeitsmarkt für junge Menschen ist.

Ein Verdrängungsprozeß beginnt
Abiturienten, die vor einem aussichtslosen Studienweg zurückschreckten, drängten in die Bewerbungen um handwerkliche und kaufmännische Lehrstellen, die früher Domäne [Hauptgebiet] der Real- und Hauptschulabgänger gewesen waren. Sie wurden bevorzugt, mit der Folge, daß immer mehr
5 Hauptschulabgänger sprichwörtlich auf der Straße lagen. Die Zahl der Studenten wuchs, zugleich verlängerte sich die Zeit, welche von den einzelnen an der Universität zugebracht wurden: „Parkstudiengänge", Studienabbrüche, Zweit- und Drittstudiengänge oder „ausgesetzte Semester" waren in den siebziger Jahren nicht mehr exotische Ausnahmen, sondern die Regel.
10 Für viele wurde die Universität zu einer Art „sicherem Hort", in dem sie vor dem drohenden und gefürchteten Eintritt in die Berufswelt, in Alltagsstreß und Konkurrenzkampf noch einige Jahre verweilen konnten.

Joseph Scheer, Jan Espert, Deutschland, Deutschland, alles ist vorbei, München 1982, S. 8f.

Jugendarbeitslosigkeit: Die soziale Zeitbombe

Eine Gesellschaft wie in der Bundesrepublik kann es sich nicht lange leisten, Tausende junger Menschen ohne Ausbildung und Beruf zu belassen. Zum einen bewirkt Arbeitslosigkeit nicht nur bei Jugendlichen das Gefühl, nicht gebraucht zu werden. Dies hat psychologische Folgen. Beispielsweise, daß jemand denkt, er sei schlechter oder minderwertiger als andere; er genieße nicht so viele Privilegien, wie die, die Arbeit haben; er gehöre einer sozial niedrigeren Schicht an oder die übrige Gesellschaft wolle ihn ausstoßen. Der Jugendliche fühlt sich vielleicht als jemand, der aus der Gemeinschaft ausgeschlossen ist. Das kommt vor allem daher, daß heute Freundschaften und soziale Kontakte vielfach in einer Gruppe von Arbeitskollegen entstehen. Das gemeinsame Bier nach der Arbeit oder Betriebsfeiern gibt es für den arbeitslosen Jugendlichen nicht.

Seit einiger Zeit stellen Jugendgerichte in der Bundesrepublik fest, daß Jugendliche, die straffällig wurden, häufig arbeitslos waren. Das liegt oft daran, daß ihnen Geld und Möglichkeiten fehlen, um „sich selbst zu verwirklichen". Beides hängt übrigens zusammen: Wer sich unnütz in der Gesellschaft fühlt, der mag auch keinen Sinn darin sehen, sich an die Regeln zu halten, die die Gesellschaft aufgestellt hat.

Aber nicht nur aus solchen Gründen ist es dringend notwendig, daß die Jugendarbeitslosigkeit schnellstens abgebaut wird. Dem „Sozialen Netz" (die finanzielle Absicherung durch den Staat) entsteht ein großer Schaden, wenn immer mehr junge Leute keinen eigenen Beitrag in die Kassen der Arbeitslosen-, der Kranken- und der Rentenversicherung bezahlen können. Gleichzeitig aber werden sie natürlich im Krankheitsfalle unterstützt, so daß die Gesamtheit der Arbeitenden – und ihre Zahl sinkt – für sie mitbezahlen muß.

Man nennt das auch den „Generationenvertrag", wenn die Jungen durch ihre Beiträge zur Sozialversicherung die Renten für die Älteren bezahlen. Wenn aber immer weniger junge Menschen Arbeit haben und damit keine Beiträge in die Sozialversicherung bezahlen, ist dann nicht dieser Generationenvertrag in Gefahr? Das gleiche gilt natürlich auch für die Krankenversicherung. Das finanzielle Loch muß dann vom Staat gefüllt werden. Nur: Wer gibt dem Staat das Geld?

Achtung – fertig – arbeitslos!
Die Zahl der Jungen ohne jede berufliche Chance steigt weiter. „Auf Dauer", warnen die Abgeordneten im Zwischenbericht der Enquete-Kommission zum Jugendprotest (siehe Kap. 2.2), könne ein „jugendliches Subproletariat" entstehen, „das, da es nichts zu verlieren und auf normalen
5 Wegen auch nichts zu gewinnen hat, zum Nährboden für Gewalt und Kriminalität und zum Sammlungsbecken links- und rechtsextremistischer Gruppen wird".
Die jungen Job-outs [Arbeitslose] wollen ihr Schicksal nicht mehr als selbstverschuldetes Unglück hinnehmen. Sie werden gegen eine Gesellschaft re-
10 voltieren, in der Arbeit und Leistung oberstes Gebot sind, die ihnen aber die Chance verwehrt, sich in ihr zu bewähren.
Oder sie steigen aus. So wie jene Berliner Punker vom Kottbusser Tor, die in besetzten Häusern wohnen, sich ihren Lebensunterhalt zusammenschnorren: „Bin ick halt'n Punk, wenn die Leute det so sehen, durch meine
15 Kleidung, wa. Wat anderes ha ick nich." ...
Die Krise kam nicht wie ein plötzliches Unwetter, sie zeichnete sich seit langem ab. Der Baby-Boom der sechziger Jahre, so stand fest, würde sich von 1979 an auf den Lehrstellen- und Arbeitsmarkt auswirken. Doch als vor drei Jahren die Zahl der Sechzehnjährigen erstmals 1,06 Millionen betrug
20 und 1980 die demographische Spitze von 1,08 Millionen erreicht war, da glaubten die Politiker und Unternehmer vorschnell, sie hätten den schlimmsten Ansturm auf die Ausbildungsplätze schon hinter sich ...
Sinkendes Wirtschaftswachstum und Rationalisierung haben vor allem jene Jungen und Mädchen den Job gekostet, die früher von der Schulbank weg
25 als ungelernte Arbeiter in die Fabrik gingen. Finden sie doch eine Stelle, dann werden sie bei jeder Flaute als erste entlassen, sie genießen keinen besonderen Kündigungsschutz. Auch Sonderschüler, erst als Halbwüchsige eingereiste Ausländer und Hauptschüler ohne Abschluß haben es besonders schwer.
30 So sackte [1982] in Hamburg die Vermittlungsquote von Sonderschul-Absolventen, die noch vor zehn Jahren bei 20 Prozent gelegen hatte, unter zehn Prozent. Ausländer, von denen sich im Juli [1982] bundesweit auf

einen Schlag 4700 von der Schulbank weg arbeitslos meldeten, haben gegen deutsche Bewerber kaum Chancen.
Betroffen sind auch die Mädchen. Viele Handwerksmeister stellen lieber einen männlichen Lehrling ein, oft gehörte Begründung: Mädchen brächten das Betriebsklima durcheinander ...

„Sonst ist man einfach Abschaum", in: Der Spiegel, 35/1982, S. 28 ff.

„Schlimm ist, daß ich für eine Berufsausbildung zu alt bin, mich nimmt keiner mehr, und daß ich keine Chance erhalte, auf eigenen Füßen zu stehen. Und schlimm ist auch diese Langeweile ... Viel Zeit haben und zu wenig Geld ... Wenn ich durch die Stadt laufe und nichts kaufen kann. Und schlimm ist auch die viele Zeit zum Denken. Ich denke dauernd nach, und je mehr ich nachdenke, desto mehr Angst bekomme ich. Vor der Zukunft."
Ch. Rumpeltes, Arbeitslos. Betroffene erzählen, Reinbek 1982.

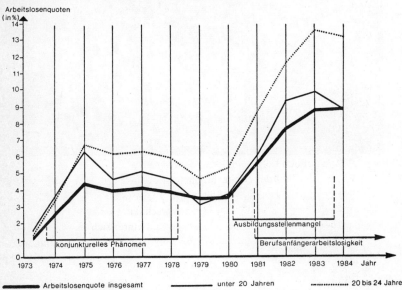

Schaubild : Altersspezifische Arbeitslosenquoten

Aus Politik und Zeitgeschichte, B 38/1985, S. 17

Seit 1981 hat sich – in der öffentlichen Diskussion immer noch verdeckt vom Thema „Ausbildungsstellenmangel" – die Arbeitslosigkeit der 20- bis 24jährigen dramatisch verschärft. Seit September 1982 liegt die Arbeitslosenquote für diese Altersgruppe um vier oder mehr Punkte über der allgemeinen – ebenfalls stark gestiegenen – Arbeitslosenquote. Heute stehen je 100 Beschäftigten in dieser Altersstufe ca. zwölf arbeitslos Gemeldete gegenüber. Fast jeder fünfte Arbeitslose ist heute zwischen 20 und 24 Jahre alt.

Wolfgang Beywl, Jugendarbeitslosigkeit, in: Aus Politik und Zeitgeschichte B 38/1985, S. 16.

Selbsthilfe statt Resignation
Das Thema der hohen Jugendarbeitslosigkeit wird zwar von den Parteien ständig in der Öffentlichkeit diskutiert, doch scheint sich eine Veränderung der Situation in der nächsten Zeit nicht abzuzeichnen. So ist es verständlich, wenn die betroffenen Jugendlichen den Glauben an die Politik oder besser an das politische System, in dem sie leben, besonders aber den Glauben an die Parteien, verlieren. Viele arbeitslose Jugendliche resignieren; es gibt aber auch solche, die sich durch Eigeninitiative und durch Unterstützung anderer selbst zu helfen versuchen.

In der Augustinerstraße 4 in Esslingen wurde zwei Jahre geschuftet. In über 48500 Arbeitsstunden konnte das alte Haus aufgemöbelt, wieder bewohnbar gemacht werden. Das Besondere daran: Gebaut haben fast 270 Jugendliche und 16 Meister, die arbeitslos oder schwer vermittelbar waren. Das Esslinger Jugendarbeitslosenprojekt, 1982 begonnen, hat seine Bewährungsprobe bestanden.
Ein doppeltes Ziel wurde mit diesem Projekt, das durch die Landesregierung (Sonderprogramm) und das Arbeitsamt (Arbeitsbeschaffungsmaßnahmen) unterstützt wird, verfolgt: Jungen Leuten Arbeit und Brot zu bieten und gleichzeitig Wohnungen für Jugendliche zu schaffen ...
Beteiligt waren nacheinander 162 arbeitslose Jugendliche, 107 Jugendliche mit richterlichen Arbeitsauflagen sowie 16 Meister, die – weil über 55 Jahre alt – von den Arbeitsämtern nicht mehr vermittelt werden konnten. Und nicht zu vergessen die ständige Fachanleitung durch das Esslinger Handwerk, die vom Verein Jugendhilfe besonders gelobt wird.
Bis zum nächsten Jahr sollen in den beiden Gebäuden 14 Ein- oder Zwei-Zimmer-Appartements fertig sein, die an Jugendliche oder Strafentlassene, die nur schwer Unterkunft finden können, vermietet werden sollen. Außerdem entsteht eine Anlauf- und Beratungsstelle für arbeitslose Jugendliche, eine Teestube, die Schreiner- und Glaserwerkstatt, eine Heimdruckerei sowie eine Reparaturwerkstatt für Fahrräder.

Gert Bürgel, Jugend ohne Arbeit möbelte Haus auf, in: Stuttgarter Nachrichten vom 24. 10. 1984.

5.4 Gegenmaßnahmen:
Es gibt eine ganze Reihe von Vorschlägen, wie man die Arbeitslosigkeit von Jugendlichen wirksam bekämpfen könnte. Leider haben sich die politischen Parteien, die Arbeitgeber und die Gewerkschaften bis jetzt noch nicht auf ein Konzept einigen können. Über die folgenden vier Punkte wird derzeit diskutiert:

1. Jeder Unternehmer, der keine Lehrlinge oder zu wenige (gemessen an der Größe seines Betriebes) einstellt, muß eine Abgabe an den Staat bezahlen. Mit diesem Geld werden überbetriebliche, vom Staat betriebene Ausbildungsangebote für Jugendliche unterhalten.
2. Der Staat und die Gesellschaft appellieren an die Vernunft und das Verantwortungsgefühl der Unternehmer, denn diese sind allein in der Lage, junge Menschen einzustellen. Da die Unternehmer vernünftig und verantwortungsbewußt sind – schließlich brauchen Handwerk und Industrie gut ausgebildete Arbeitskräfte – stellen sie langfristig auch wieder mehr Jugendliche ein.
3. Der Staat schafft neue Arbeitsbedingungen für junge Leute, indem er beispielsweise den Zeitpunkt des Arbeitsbeginns nicht mehr reglementiert, außerdem Teilzeitarbeit unterstützt und befristete Arbeitsverträge erlaubt, die u.a. auch einen Lohn unterhalb den von der Gewerkschaft ausgehandelten Tarifen ermöglichen. Damit würden die Kosten der Arbeit gesenkt und der Unternehmer hätte die Möglichkeit, immer dann neue Arbeitskräfte einzustellen, wenn er genügend Aufträge hat.
4. Der Staat finanziert Beschäftigungsprogramme für Jugendliche, in denen diese einen Beruf erlernen können und Geld verdienen. Das Geld wird über Steuererhöhung, z.B. auf Benzin und Tabak, eingenommen.

Alternatives Lehrlingsprojekt: Bemalte Fassade des „Ausbildungswerks Kreuzberg e. V.", Berlin